功夫

滋养身心

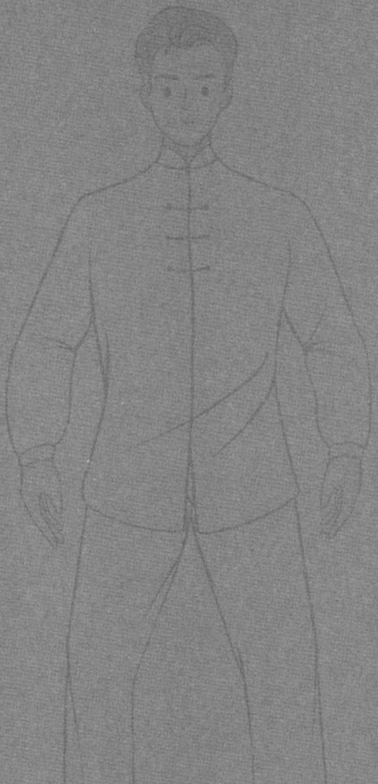

重　　　　　　　启

徐硕言◎著

站桩

玖玥工作室◎绘

健　　康　　态

北京科学技术出版社

图书在版编目（CIP）数据

站桩：重启健康态 / 徐硕言著；玖玥工作室绘 .

北京：北京科学技术出版社，2025. -- ISBN 978-7
-5714-4494-5

Ⅰ . G852.1

中国国家版本馆 CIP 数据核字第 2025TR1615 号

策划编辑：胡志华
责任编辑：张艳芬
责任校对：贾　荣
封面设计：志　远
责任印制：吕　越
出　版　人：曾庆宇
出版发行：北京科学技术出版社
社　　　址：北京西直门南大街 16 号
邮政编码：100035
电　　　话：0086-10-66135495（总编室）
　　　　　　0086-10-66113227（发行部）
网　　　址：www.bkydw.cn
印　　　刷：北京华联印刷有限公司
开　　　本：889 mm × 1194 mm　1/32
字　　　数：162 千字
印　　　张：7.25
版　　　次：2025 年 4 月第 1 版
印　　　次：2025 年 4 月第 1 次印刷
ISBN 978-7-5714-4494-5

定　　　价：79.00 元

序　一

国术源远流长，功法浩若烟海。今人学之，往往惑于门户众多，名相各异，虽多方求索而难以得其路径。

先贤有云："凡物莫不有其本，得其本而末随之矣。所谓一以御万，简以御繁者也。"硕言仁棣，书生负剑，广寻明师，博学反约，独沽一味，于桩法一道立定脚跟，专心修持廿年，可谓得其本矣。

更喜其历武林之风霜而不染陋习，出门派之窠臼而别开洞天，将多年以来的心得领悟笔之成书，以"现代人习武"这一全新角度破题，将现代人以武修身，应当如何入门、如何修持、如何精进、如何受用、如何破障、如何避陷……——道来。

此书旨在将中华武学内家桩法之妙谛，融入现代人工作生活之节奏，以助今人润益身心，祛病开慧，而非将今人牵扯进门派传说、祖师神话、胜负是非之迷境，徒耗时光精力。此举"继绝学，开太平"，可谓有横渠遗风，功德无量，自度度人，善莫大焉。

今为之序，略表微忱。

灵山云

2024 年 8 月 25 日于津门

序 二

站桩一法，根据我的实践，可使身心获得非常大的益处，比跑步、游泳等成效更加显著。

我读大学二年级前，已于多处练过散打，对自身功夫颇为自信。直到有一次，我遇到一位内家拳拳师，只见他气宇轩昂，从容淡定，但看起来也不像有甚过人之处。当天，有一个友好互动环节，那位拳师让我用一只拳头击打其胸部，不是直接击打，而是垫着我的另一只手掌（手背紧贴其胸部）击打。他让我用力打，再加大力量……我击打数次，最后也没能让他两脚移动一丁点儿。

接着，他让我稍稍体验一下他的动作——他先将左手背贴放于我的胸部，然后用右手食指（食指弯曲，用食指第二关节）点击了一下他的左手掌，我瞬间被击出，一连退了几步，大脑一片空白。随后我感到十分不解与好奇，仅凭一根手指在短距离内竟然能发出这么强大的力量，我求学之心油然而生。

从此，我跟随这位拳师进入了内家拳之门，他就是我的恩师张志军先生。张先生教我形意拳和太极拳，也传授给我三体式等桩法。读研期间，我有幸向韩义功老师学习了冯志强先生所创立的陈式心意混元太极拳，还学习了无极桩、浑圆桩等桩功。

练习内家拳以及站桩一段时间后，我的整体协调性、体力、精力、抗击打能力等方面均有了明显的提高或增强，有的甚至达到了阶段性的质的变化：以技击为例，力量、速度因身体松沉协调而自然增加；以短跑为例，速度在不知不觉间有了显著提升，这在与人竞技时得到了验证。这些多是我之前单纯练散打所不曾体验或感受不那么明显的。至于身体健康方面，这些年来我很少生病，身体素质较读大学之前有了明显改善。

桩功，是中国拳术的基本功，形意拳、太极拳、意拳等内家拳尤其重视站桩。孙禄堂先生在其武学录《形意拳学》中说，三体式"乃入道之门，形意拳中之总机关也"。王芗斋先生在《拳道中枢》中提到"要知拳真髓，首由站桩起"。从某个角度可以说，桩是静态的拳，拳是动态的桩。

无论是想强身健体，还是有志于技击，抑或修身养性、开发智慧，都可以尝试一下站桩。站桩之法，无非调身、调息、调心。其中，调心最为重要和根本。达摩祖师曾说："心心心，难可寻，宽时遍法界，窄也不容针。"

近来，好友硕言将此书的文稿发给我，请我为之作序。遥想当年，我发起"武林角"，以拳会友，因此与之结识。他看到我教其他朋友站桩和练五行拳，表示很感兴趣，于是跟我学习。20年来，他博学笃行，并于桩法一门深入研习。而今著作既成，可谓雅俗共赏，发心分享于众，可喜，可赞！为不负其意，我不揣浅陋，将自己练拳站桩之体悟略书为序。

李江华

2024 年 10 月 8 日于北京

自　序

亲爱的读者朋友，当您翻开本书的时候，我相信您与站桩有了不解之缘。

接下来，我先将我与站桩的缘分一一道来，或许我这 40 余载的人生经历、因缘、选择会对您有所启发与帮助。

小时候，我是同龄人里面最瘦小的，基本上比同龄人矮一头，就好像我的存在是为了衬托别人的高大威猛……小学时，班上有一个高个子的女生，她曾把我像拎小鸡一样拎起来，令我颜面荡然无存。因为非常瘦弱，我总是被小混混欺负（我的功课是读书，而小混混的"功课"是欺负我），甚至有一次还被打得口鼻蹿血。

我不但身体瘦弱，抵抗力也较差。高三时，因为课业繁重，加之思想压力大，我患上了严重的神经衰弱和鼻炎，呼吸阻塞（就好像别人捏住了我的鼻子），入睡困难，这些甚至影响了我的高考状态。我深切地体会到身心不分家这个道理，一个人如果身体瘦弱或者身体不是特别健康，那必然会影响到他的心理，所以我那个时候比较内向，也比较自卑。

然而，我是一个十分要强的人。在 24 岁之前，我一直尝试利用各种方法来增强体质、祛病强身。我曾经做过俯卧撑，握过腕力器，扭过臂力器，抻过拉力器，耍过单双杠，打过篮球，掷过飞镖，舞过双节棍，学过防身术，买过"武林秘籍"，跑过步，游过泳，练过八段锦……可惜的是，我的身体素质始终没有得到明显的改善。

直到 2004 年，我考入中国人民大学法学院攻读民商法学专业，有幸结识了我的形意拳启蒙老师——李江华先生。正是在他的教导下，我才与站桩结缘。是他帮我推开了那扇门，让我看到了一个令人耳目一新的、充满力量与希望的内家拳的世界。如果没有他为我燃一盏灯，那么我必然无缘与传统武术圈的诸位前辈和老师结识，更不会在站桩养生的道路上一路前行。从某种意义上讲，他甚至改变了我的人生。在此，我要深深感谢李江华先生！

在李江华先生的影响下，我在中国人民大学"红楼"附近的"武林角"从站三体式、练五行拳开始学习形意拳，又在他的引荐下学习了陈式太极拳，并尝试站过浑圆桩。因为我身体素质较差，所以在站三体式的时候很难坚持下去（在诸多桩法中，三体式的难度较高），但我的身体状况确实有了一定的改善。

2006 年，我被公司外派到新加坡工作。闲暇时，我偶然在网上与以灵山云老师为代表的几位宋氏形意拳的前辈、老师结缘。从那时起，我开始习练松静桩。正是灵山云等诸位老师创编的松静桩带我正式进入了内家拳之门。我从松静桩这里才意识到站桩对身体原来有这么大益处，深深感谢恩师灵山云先生及其他几位宋氏形意拳前辈（如师爷吴炳文先生、魏春先生）、老师对我的无私传授与帮助，正是他们让我对站桩养生和内家拳有了深切的认识与体会！

此后，我曾求教于通背拳、八卦掌、意拳（大成拳）等拳种的老前辈，尤其受益于意拳老前辈姚承光先生、王安平先生的教诲。我也一度有幸学习过甘肃省名老中医李少波老先生所创的真气运行法，甚至不远千里去甘肃平凉崆峒山参学，其后还有缘初步接触了丹道功法。在此向这些前辈与师长深表谢忱！

中华文化博大精深，养生功法不可胜数，令广大养生爱好者眼花缭乱、难以抉择，我亦概莫能外。20 年间，我转益多师，遍参善知识，但目标始终如一，那就是找到适合自己、易学易练、效果显著且到耄耋之年仍能坚持的养生方法。我相信，这也是翻开此书的读者朋友们同样梦寐以求的事情。

如今步入中年，事务缠身，我发现在繁忙的工作与家庭生活之余，能抽出的锻炼时间是比较有限的，因此，在养生方面再也不能搞多元化了，必须聚焦，一门深入，把自己有限的锻炼时间集中到某一种自己喜欢、有效且能长期坚持的功法上，这样才能起到更好的健身养生的效果。相较而言，站桩功法功效卓著、容易坚持，且可以顺利地融入工作与生活之中。故此，我在几年前权衡再三，忍痛"断舍离"，将自己的业余时间全部投入站桩养生的实践与研究之中。

在此过程中，我受到了站桩功法的极大滋养，也对创编站桩功法的祖师、前辈们感到由衷的敬佩，也深深感谢诸位老师不嫌弃我粗鄙浅陋、资质驽钝，将这么好的功法传授给我。

与此同时，我萌生出惠及大众的发心——我想将我这 20 年接触和学习站桩的经历与经验，系统整理、形象描述，以大众能够理解的方式和盘托出，作为初机之阶梯，接引对养生感兴趣的人顺利步入站桩功法之门，而不是眼睁睁地看着他们在养生功法的选择上徒耗年华、蹉跎岁月，甚至误入歧途。须知，时光如"隙中驹，石中火，梦中身"，许多人仅仅在寻觅合适的功法上就空耗了一生。

当我把这个想法告知恩师灵山云先生的时候，他表示非常支持，并帮我联系到了北京科学技术出版社。我写了一系列关于站桩的文章，先在北京科学技术出版社人文武术图书事业部的微信公众号"武谈"上连载，反响不错，继而决定结集出版。

为了对读者负责，也为了不辱师门，关于站桩的系列文稿，我每每在起草之后，都会发给灵山云老师审阅。他不辞劳苦，提出了很多修改意见，大大提升了文稿的质量与境界。可以说，这本书也同样凝结了灵山云老师的心血和期盼！感恩灵山云老师！

最后，衷心感谢北京科学技术出版社及所有为此书的顺利付梓付出辛劳的老师们！是你们，让我们师门奉献社会、惠及众生的美好愿望得以实现。

徐硕言

2024 年 10 月 1 日于北京

目 录

09　站桩中身体反应的处理

10　站桩的外在条件

11　习练站桩的必经阶段

12　站桩之后的进阶道路

13　站桩与你的"健康账户"

14　站桩生活化——如何利用碎片化时间站桩

15　警惕站桩的三大认识误区

16　站桩问答录——关于站桩常见问题的解答

01

"卷"出来的病
和令人眼花缭乱的
养生方式

● 太"卷"了

如车轮般滚滚向前的现代社会，除了给人们带来越来越富足的物质生活、越来越先进的科技、充沛的想象空间与极致的生活体验，也带来了受污染的环境、快速的生活节奏、紧绷的人际关系、难以避免的应酬，以及令人眼花缭乱的娱乐方式，实在是令人应接不暇、疲于奔命，甚至情绪崩溃……

以下场景你是否似曾相识？

梦里都是工作上那些事儿，领导或者客户那"慈祥"的脸庞在你梦中不停地晃啊晃，令你"魂牵梦绕"。

面对着餐桌上的各种美食，你食指大动，却发现自己的身体无福消受。

辛苦劳累了一天，你回家后的第一件事就是想狠狠地一头扎进沙发或床上躺着，什么事都不想做。

发现自己越来越没有耐心，常为琐事火冒三丈，伤害了身边的人后又懊悔不已。

自己或身边的亲友患上了抑郁症等严重的心理疾病，不得不寻求心理咨询、药物治疗。

父母或其他长辈逐渐衰老甚至患病，上有老、下有小的你，除了带他们去医院诊治、目睹他们遭受痛苦外别无他法，你深感无奈与无助。

● 你是否也被"卷"出了以下症状

"卷"来"卷"去，直到有一天，我们发现自己和身边的人都不得不面对亚健康症状以及一些常见疾病。

职场人常见亚健康症状及常见疾病

以下是发生在我身边的一些案例，你是否能在其中找到自己或亲友的影子？

故事 1：干眼症

我的一位前同事在某知名会计师事务所工作，早在十几年前（那时智能手机还没有普及），他就因长时间盯着电脑屏幕而患上了干眼症，多次就医均无好的解决办法，只能靠滴人工泪液缓解，非常痛苦。现在更是各种电子屏幕霸占我们眼球的时代，我们每天盯着智能手机、笔记本电脑、平板屏幕的时间长到连我们自己都感到震惊，所以患干眼症的人越来越多。

故事 2：腰椎间盘突出

我有一位同学因伏案久坐，腰椎间盘出了问题。年纪并不算很大的她，现在已经没法坐着工作，只好在办公桌上安装了站立工作台，每天站着工作。但她后来跟我抱怨说，她都快站出静脉曲张了……

故事 3：骨质疏松

我的前领导是一位年纪轻轻就事业有成的民营企业家，经常不是在酒局上就是在赶赴酒局的路上。有一回，他喝得酩酊大醉，到达住所的地下车库后，他独自跟跄着走出车外，跟司机走散了。后来，他竟然躺在地下车库的地面上睡着了，直到被车库里的热浪熏醒。单从外表上看不出他不太健康，但据他说，每次体检时医生都说他骨质疏松。他很无奈，知道这与他长期喝酒有关，却没有很好的办法。

故事4：慢性胃炎、胃食管反流、脂肪肝

我身边的一些朋友因不吃早饭、暴饮暴食、无辣不欢、应酬较多、饮酒无度而患上了慢性胃炎、胃食管反流、脂肪肝等病症……

我有一个同学毕业后做了秘书，经常参与各种应酬，没多久小肚腩就很明显了。后来，公司组织体检，他被查出了轻度脂肪肝。要知道，在学校时，他可是英姿飒爽的篮球健将。

● 我们并不是什么都没有做，可是……

为了身体健康，除了疏解负面情绪、注意饮食，我相信很多人都尽其所能地尝试过各种健身养生的方法，但是最终要么效果并不明显，要么因种种主观或客观的原因不能坚持下去。

以下场景你可能似曾相识，说不定你就遇到过其中一种。

健身房"对赌"与"骗局"

在目睹健身房内众人纵情挥洒汗水后，你终于在健身房附近发传单的小哥哥、小姐姐们的百般推销下咬牙办了健身房年卡，结果却发现：

刚开始健身的时候，你热情万丈，有着初恋般的热情和钢铁般的意志，恨不得一整天都泡在健身房里，后来兴趣逐渐减退，直至冷却。因此，有人戏称办健身房年卡是一种"对赌"，就是健身房赌你不会来。

你兴冲冲地办了健身房年卡，没过多久，健身房因种种原因关闭了，其中不乏一些不法分子利用健身房敛财，收取会员费之后逃之夭夭，这甚至成了一种"商业模式"。我和朋友就遭遇过这种情况。

> **故事 5：健身房变成了废墟**
>
> 我有一位朋友，他业余时间在健身房担任武术教练。有一次，我陪他去健身房，发现健身房所在的办公楼已经变成了工地，推土机、挖掘机轰鸣不已，健身房已被拆成了断壁残垣。后来，他才知道健身房所在办公楼是违法建设的，所以才被拆除。可在此之前，他没有得到过任何关于健身房要拆除的消息，健身房的管理人员也从来没有通知过他。他急匆匆地去寻找自己存放衣物和训练用品的柜子，却发现柜子已经被强行破开，里边的东西已经被悉数偷走。

蒙尘的健身器材

为了锻炼，你一时兴起购买了跑步机、椭圆机、划船机、自行车、电子跳绳等健身器材，但没坚持运动多久，新鲜劲儿一过，健身器材就被扔到角落里吃灰，彻底被打入"冷宫"。

> **故事 6：我家的跑步机**
>
> 前几年，我一时兴起购置了一台家用跑步机，心想天气不好的时候，在跑步机上快走或慢跑一阵，也是极好的。刚开始时，我和家人也确实在跑步机上兴致盎然地奔跑了几天，但慢慢地，这台跑步机就无人问津了。再后来，如何处理它成了个难题——白送给别人，别人都不要，因为嫌它占地方。我只好在二手交易平台上转卖，结果发现转卖的收益还不够自己折腾的……

吃灰的运动装备

为了进行瑜伽、室外跑步或者户外徒步等运动，你购买了好多装备，比如瑜伽衣裤、跑鞋或其他户外装束等，但是除了刚开始锻炼时你饶有兴致地摆拍了几次，后续这些装备也仍然避免不了在角落吃灰的命运。

参加高雅但健身效果欠佳的运动项目

有一些运动项目的主要目的就是社交，健身的效果不尽如人意，比如打高尔夫。蓝天白云下，大家头戴高尔夫球帽，身着舒适、整洁的高尔夫服装，手持高尔夫球杆，信步于碧绿的草坪之上。虽然这能令人心情舒畅，但实际上打高尔夫的运动量并不能起到很好的健身效果。

还有近些年比较火的射箭运动。我身边的很多朋友都涌向射箭馆。射箭的时候需要全神贯注，确实比较解压，但实际上这种运动项目对心肺功能的锻炼是比较有限的，也算不上是一项很有效的健身运动。

某些剧烈的运动项目很可能使我们离养生越来越远

有些运动项目，如快跑、打篮球、打排球、踢足球、搏击等，因为对心肺功能要求比较高，所以并不适合老年人、急慢性疾病患者和长期缺乏锻炼的职场人士。这些运动方式对身体的消耗较大，很可能导致身体越来越虚弱。

故事 7：因剧烈运动猝死的前同事

我有一位前同事，她因工作压力很大，身体状况并不是很好，所以想通过跑步来健身。但几年前我听说，她因心脑血管疾病发作，直接倒在了健身房的跑步机上。因此，对一些身体状况不太好的人或中老年人来说，在进行一些剧烈运动时，要尤为慎重。

没有场地急得慌

还有一些运动项目，对身体健康确实比较有帮助，但是对场地要求较高，很多人苦于没有场地无法参与。比如游泳，并不是每个人身边都有游泳馆，又不能像相声里说的在草地上练习狗刨和蛙泳。又比如打乒乓球，如果没有乒乓球桌和陪练，也很难开展。

猝不及防的运动损伤

有些运动项目如果不掌握正确的方式方法，很容易造成运动损伤。比如，我的一位朋友为了减肥参加了柔道班，结果在训练时一不小心扭伤了。另外，对长时间练习跑步的朋友来说，如果不注意保护膝关节的话，很容易造成膝关节损伤，导致"跑步膝"，运动养生不成，还落下病根，得不偿失。

故事 8：朋友的"跑步膝"

我有一位朋友，她从小就善于跑步，人送外号"兔子"，在校期间参加运动会屡创佳绩。前些年，当我问她是否还在坚持跑步时，她却说自己因为不注意保护膝关节，现在一跑步膝部就疼痛难忍，几乎不怎么跑步了。

以上拉拉杂杂说了这么多，估计不少读者可能想问："你提到了多种运动项目，觉得它们都不是完美的运动方式，那你认为，对职场亚健康人群、中老年人、慢性病患者来说，什么运动项目才是比较适合的呢？"先别着急，请容我先讲一段自己的经历。

02

一个"弱者"的
养生探索之旅

● 因弱小常遭霸凌的童年

我小时个子矮小（我是班级里最矮的）、身体瘦弱，在与同龄人的打闹中常力不如人，心生自卑。小学的时候，我甚至曾被班里某位"孔武有力"的女同学扯着衣领像拎小鸡一样拎起来却无力反抗，颇觉颜面扫地、羞愤难当。

被镇上的小混混欺负更是家常便饭。有一次，我被几个小混混追着打，仓皇逃窜。小混混一时兴起，竟然不管不顾地追到我家里。幸亏母亲听闻我呼救之声，拎起铁锹冲出来，"横锹立马"，喝退众人，我方得以脱困。

● 儿时歪打正着的站桩体验

我自幼身体羸弱，有一次外出让我有了从未有过的体验。现在想来，从那时起我就与站桩结缘了。

记得那天，母亲带着我乘坐小面包车去邻县市场买衣服（那时，镇上的人都认为邻县市场上的商品远比我们县里集市上的丰富多样，故此大家都以去邻县市场买东西为荣）。

当时天公不作美，乌云四合，夏雨忽至。母亲和我未带雨伞，均被淋湿。车上乘客众多，母亲和我没有座位，只好站在过道。我感觉身上又湿又冷，于是不自觉地浑身放松站在那里，关注自己的身体，其他什么也不去想。奇怪的是，我的身体慢慢开始温热起来，舒服异常，后来我甚至感觉连身上的衣物也没那么潮湿了。这件事让我印象非常深刻，直到现在，我仍能回忆起当时那种神奇的感觉。

提起这段往事倒不是为了彰显我从小天赋异禀，只是想表达**只要有正确的方法，小孩子也能体会到站桩的妙处**。我相信很多人在一生之中必然有过类似的体验，只不过都是歪打正着、偶有所感，若无明师引导、传授、点拨，便终生与站桩无缘。

● 稀碎的武侠梦

初中时，我到县重点中学就读。入学不久，我就遭遇了校园霸凌，被小混混抓住头发用膝盖撞脸，被打得口鼻蹿血。弱小就要挨欺负，这是我从小就通过"实践"得到的真知，唉，多么痛的领悟……

那时，我常翻看金庸的武侠小说，沉迷其中，不能自拔，常幻想某位世外高人从天而降，见我骨骼清奇，授我秘籍一本，自此我脱胎换骨，与之前判若两人，身轻如燕、力大无穷，锄强扶弱、伸张正义。我相信很多武侠迷也都有过这种天马行空的幻想吧，就如同影片《功夫》里面的男主角那样。但是，这也只是我的奢望而已，我一直没有找到练功的方法，也没有找到明师。

● 疾病缠身的"小螳螂"

高中时，我苦练单双杠，后来竟能在单双杠上灵活地做各种难度较高的动作，并借此获得了一定的自信，但实际上我的身体状况并没有什么明显改善，体力和精力仍然跟不上，身体依然瘦弱。记得那时学校组织了一次体检，体检后没多久，校医竟然站在班级门口当众宣布体检结果，我和班上的一位体重超重的同学都被宣布为"营养不良"（我俩一个胖得像大黑熊，一个瘦得像小螳螂），班上同学一阵哄笑，令我感到非常尴尬。

高三时，繁重的学习任务、巨大的备考压力，使我紧张失眠，神经衰弱。我经常感到头晕目眩，喝安神补脑液也不顶用。有一次晚自习，我因外感风寒而抑制不住地呕吐，弄得一片狼藉，十分难堪。

此外，我还患上了慢性鼻炎，严重时连呼吸都费劲，这种身体上的不适一直伴随我整个高三时期，直至高考后我去省城做了鼻炎手术才算结束。不得不说，这种糟糕的身体状况确实对我的高考成绩产生了一定的负面影响。

● 尝试举铁健身，差点被杠铃压死

读大学期间，有些同学去校内健身房健身，看着他们壮硕矫健的身姿，我无比艳羡，心想，要是能通过举铁来达到强身健体的目的也很好。于是，我也进了健身房，想体验一下。

因为找私教需要花钱，而我囊中羞涩，心想举铁而已，这有何难？偷瞄一下别人怎么做不就行了！当时，正好一位身材健硕的男生练完仰卧推举，我马上抢了那个位置。男生乜斜着眼睛扫了我一眼，留给我一个意味深长的眼神后走了。

我其实应该找个人在旁边看着我的！这样想时，我已经被杠铃死死地压在下面了，就像孙悟空被压在五行山下。附近有人，但我觉得很丢人，不好意思喊人来帮我，于是一点点挪动身体，像一条在砖头下拼命挣扎的蚯蚓。

挣扎了好久，我终于从椅子侧面解脱了出来，喘了半天气，如获新生。环顾四周，没有女生，我顿时感觉没那么丢人了，灰头土脸地蹒跚着离开了健身房。

● 双节棍与女子防身术

健身房"翻车"事件后，我意识到举铁健身这种方式可能不适合我（我螳螂般的身材在健身房极其醒目，也让我自惭形秽）。那时，同寝室的兄弟们在门上张贴了李小龙先生的海报，寝室里一度掀起了观看李小龙系列电影的热潮。我深受影响，决定以李小龙先生为偶像，苦练双节棍，甚至独自去图书馆上自习的时候，书包里都揣着双节棍，因此被一些同学戏称为"独行侠"。但是，除了用双节棍表演舞花确实比较酷外，我也没觉得这项运动给我的身体素质带来提升，反而由于我当时单身，觉得双节棍简直是"光棍儿"的代名词……

此外，我还踊跃地报了选修课——防身术。传闻教授防身术的老师有徒手开砖碎石之能，令我不禁心驰神往。结果，开课之后我才发现，班上学生绝大多数是女同学。一打听才知道，原来这门课去年还叫作"女子防身术"，后来因为报名的女同学比较少，才改成了"防身术"。

在这个班上，男生主要扮演小混混的角色，担当女生的假想敌和陪练。平时练的基本是套路，实战、对抗性训练比较少，跟养生更是毫无关系。我感觉自己也没有从中获得更多自信，尤其是在为数不多的对抗训练中，我发现自己有时甚至还打不过一些身体强健的女同学，自信心不禁再次滑坡。

● 这是什么行为艺术

2004 年，我考上了中国人民大学法学院民商法学研究生，来到北京读书。那时，我仍然习练双节棍。有一天午休时，寝室楼"红楼"外小树林里传来阵阵呐喊声、喝彩声，我顿觉不爽，于是起身夹着双节棍出门去"砸场子"。

到小树林之后，我发现几位武术爱好者正在操练——有人在打沙袋，有人在练腿法，甚至还有人摆出一个姿势一动不动地站在那里，我当时还以为是行为艺术。领头的人走过来，说这是一个校内的武术爱好者组织，名为"武林角"。他接受了我的挑战，并展示了精彩的双节棍舞花。我颇感惊喜，于是就加入了他们的行列，开始跟"武林角"的领头人，也是我的形意拳启蒙老师李江华先生习练他的"行为艺术"——形意拳。

他教我站三体式和习练五行拳。记得那时正值夏天，是蚊子猖獗的季节。我们在站三体式的时候，几乎是一动不动的，所以站完桩后，裸露在外的皮肤几乎全是蚊子赠送的"红包"。

李江华先生在练武方面是有天赋的。他少年时曾在武校刻苦习练散打。在山东读本科期间与某位形意拳前辈比试，该前辈只用一根手指就让他脚下拔根并将他击出，他惊出一身冷汗却毫发无损，于是拜这位前辈为师，习练形意拳。他读本科的时候经常一次站两三个小时的三体式，令我十分敬佩。

此后，我走上了形意拳之路。不过，令我苦恼的是，站三体式的时候，我浑身紧绷、两股战战、膝关节疼痛难忍，根本坚持不下来，所以只能断断续续地习练。

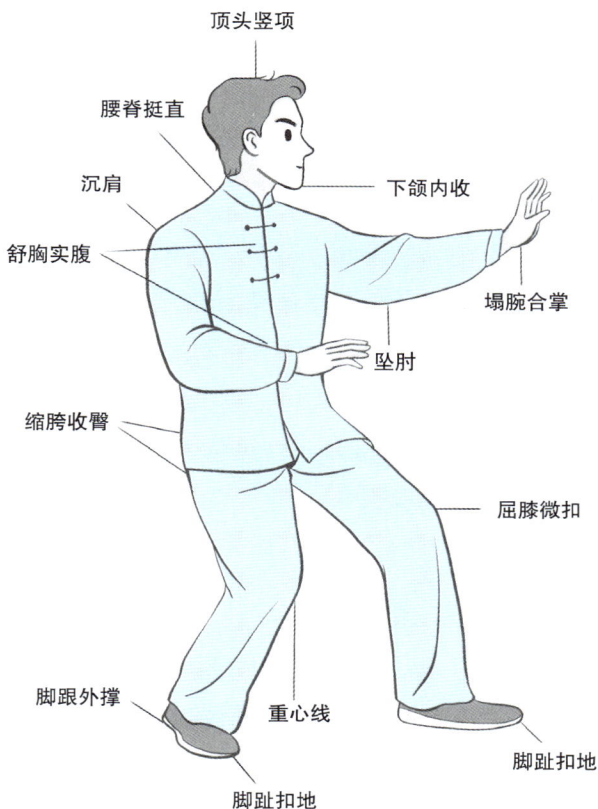

顶头竖项
腰脊挺直
沉肩
舒胸实腹
下颌内收
塌腕合掌
坠肘
缩胯收臀
屈膝微扣
脚跟外撑
重心线
脚趾扣地
脚趾扣地

形意拳三体式

● 初遇松静桩

参加工作后不久，公司将我外派到"花园城市"新加坡工作一年。

在新加坡工作期间，我有幸与灵山云、一骑绝尘、狸猫上树（均为网名）等老师结识，并且收到了一骑绝尘老师发给我的宋氏形意拳基础功法的教学材料，其中最重要的功法就是松静桩。

此前，我觉得自己始终无法坚持习练三体式桩法，对站桩畏难情绪较重，已经基本放弃了习练形意拳。但是，收到一骑绝尘老师发给我的教学材料的当天晚上，我仔细研究了一番，发现这种桩法似乎比三体式简单得多，于是立马在寓所习练起来。

第一次站松静桩时，我身上发紧，于是就有意地放松身体，大概站了 30 分钟，我感到后背就像坚硬的冰面在慢慢地开裂，随后感到后背热流涌动、温热舒适，头脑异常宁静、清醒，同时还有一种愉悦、清凉的感觉。

记得那次开始练习松静桩的时候，已是深夜。皓月当空，海风习习，我不知不觉中就站了一个多小时，结束时已是午夜，但我毫无倦意，而且第二天上班时精力异常充沛。我以前身体较弱，中午必须休息，如果不休息一会儿，下午就会无精打采，非常倦怠，甚至没有办法好好工作。但奇怪的是，站完桩的第二天中午我竟然不困，这令我对松静桩功法非常认可。

对比练习松静桩与三体式的感受，我意识到，入门桩法需要根据习练者的身体素质来选择。李江华先生原本身体素质就很好，功夫底子又不错，所以他站桩能直接从三体式入手，而以我的身体素质，从三体式入门则是很难的。松静桩易学易练，文火温养，容易坚持，十分适合我这种身体素质一般的人，实在是非常好的入门功法！

回国之后，我积极报名参加了灵山云等老师组织的线下培训班，还是以站松静桩为主，辅之以推手、散手等练习。

● "小螳螂"也能一次站桩 2 小时

2009 年前后，我辞去了原来的工作，在找到新工作之前，我全力备战司法考试。因为业余时间比较充裕，我基本每天早上能连续站桩 2 小时以上。

刚开始的时候，我两腿抖动不止，浑身颤动。当时正值盛夏，汗液从我的头顶、脸颊、下巴、肘尖、指尖纷纷滴落，身上也是大汗淋漓。我体会到，如果一次站桩 2 小时以上，大概在 40 分钟、1 小时、1.5 小时的时候，都有一个坎儿——感觉已经到了身体的极限，没有办法再坚持下去，很想马上结束——但是在老师和同门的鼓励下，我还是坚持了下去。功毕，身上的衣物就像淋过雨一样，地上也有一小摊汗液，脚底板粘在拖鞋上，臭不可闻。

事后我觉得，一旦站桩突破了 2 小时，就会明显感觉到宁静、充实、饱满、喜悦，甚至会不自主地发自内心地微笑。下桩后身体非常轻灵、有整劲，并且感觉骨骼非常坚实，弹跳能力也有了一定增强。

有几次我站桩到最后阶段，感觉自己呼吸极其深细绵长，到最后甚至忘记了呼吸，不过，当意识到这一点时，我反而从这种境界中抽离了出来，不禁怅然若失。

● "弱者"铁臂练成记

我有一位朋友,是我当时在中国人民大学"武林角"结识的。他比我高出一头,体重也比我多出几十斤——我俩根本就不是一个重量级的。上学的时候,我俩在中国人民大学"红楼"旁的小树林里模拟实战,结果他只轻轻地冲过来,就一下子把我撞飞了。我摔倒在地,眼镜也飞了出去,眼镜腿都被撞歪了。

站桩初见效果之后,我正好有事找他,就谈到了自己最近站桩初见成效。他是一个富有科学精神的人,就说:"那就验一验,咱俩磕磕胳膊(传统武术中叫作"撞三星")试试?"我到现在还记得,磕胳膊之后,我并没有疼痛的感觉,而他脸上则现出痛苦的表情,说:"以后不跟你们这些练形意拳的一起玩儿了……"

自从 2004 年我接触站桩,至今已有 20 个寒暑,从三体式到松静桩,从松静桩到浑圆桩,再到后来意拳的一些桩法,我深深感恩各位明师倾囊相授,也深刻认识到入门功法选择的重要性。故此,我不揣浅陋,系统总结自己这些年站桩的经验,望此书能成为广大传统武术习练者及养生爱好者的入门之阶、筑基之石。各位读者倘有所获,我必舞之蹈之,欣喜之至!

03

站桩

到底是什么

● 对站桩的误解

"啥是站桩啊？"

很多刚听说"站桩"这两个字的朋友都会一脸疑惑地看着我，好奇地提出这个问题。

还没等我回答，他们一般会继续问第二个问题："是站在木

梅花桩

头桩子上吗？"

如果这个时候我还没回答，他们会继续问第三个问题："是蹲马步吗？"

还有一些更令人哭笑不得的问题，比如十多年前，我给当时在某知名会计师事务所工作的同事们介绍站桩时，一位男同事开玩笑问："站桩是'龟派气功波'吗？是不是双手合成花萼状，放在腰间，掌心聚出一个光球，然后推出双手，释放出一道强大的气功波？"

回想 20 年前，刚接触站桩的时候，我也问过我的形意拳启蒙老师李江华先生类似的问题（除了"龟派气功波"的问题），当时他的反应就跟现在的我一样——露出尴尬但不失礼貌的微笑……

马步桩

● 究竟什么是站桩

站桩既不是在你面前杵一些木头桩子，让你站在上面表演金鸡独立或者摆一些很酷的姿势，也不是如影视作品中那样骑马蹲裆、硬桥硬马、稳扎下盘，更不是什么"龟派气功波"……

站桩，顾名思义，所谓"站"，就是习练者要站在地面上，所谓"桩"，是一种比喻，形容人按照一定要求稳稳地站立在地面上，就如同木桩牢牢扎在泥土中。

为了方便大家理解，我们给站桩下一个定义：*站桩，源于我国近代传统武术内家拳的训练体系，是内家拳养生、技击的核心和基础，是指习练者在放松站立的同时，身体按照一定的要求摆出相应的姿势。这种姿势能够加快气血运行，疏通经脉，滋养筋骨。同时，辅以神意方面的训练，更能养心安神。*久久为功，能使习练者内壮外勇，取得极好的养生健身效果，并能为有意在技击方面发展的习练者打下坚实的基础。

● 曾经秘不外传的功法

站桩功在过去可是秘不外传的

一些老前辈曾跟我说，站桩作为一种功法，过去一直秘不外传。直到近代，随着内家拳（太极拳、形意拳、八卦掌、意拳等）的发展与传播，站桩功法才逐渐被公开，但是也仅限于在小范围内传授。这就是我们在明清时期的拳谱中很少能看到详细讲解站桩内容的原因。

直到民国时期，部分武术家（如民国时期的孙禄堂、薛颠等）才在著作中提及站桩，但都没有展开去讲。比如，在《孙禄堂武学录》中，孙禄堂老先生在形意拳、八卦掌、太极拳三部拳学的开篇，都不厌其烦地把无极桩介绍了一遍，但没有明示这就是站桩，更没有阐释具体的方法、要领及练功感受。不过，孙门传人在谈到孙禄堂先生的弟子齐公博时，提到"孙老看其（齐公博）心诚，遂授其形意初基三体式，命其每日站去……齐公博每日专修此桩。越三年，齐公博站至内气鼓荡、衣襟抖擞、意发神扬、如沐神光。孙老谓之：'功成矣。'始授齐公博形意拳诸技……"。由此可见，孙禄堂老先生虽未在其著作中详述桩功，但在实际授徒时是极重视桩功的。据说，由于齐公博先生苦练桩功，"年余后，齐公博于形意门诸拳械皆有所得，与人相较，鲜有出其右者……其气质与从前截然不同矣"。

王芗斋先生弘扬站桩功

真正打破藩篱、向大众介绍站桩功法并将之广为传播的，是意拳创始人王芗斋先生。王芗斋先生幼年瘦弱，又患喘病，幸得形意拳巨擘——人称"半步崩拳打天下"的郭云深老先生亲自教授站桩功法，得桩功三昧，才感悟出"要知拳真髓，首由站桩起"的真谛。

据说，王芗斋先生幼年随郭云深老先生学拳时，郭老先生只教他站桩，他嫌站桩枯燥，按捺不住，就偷偷向其他师兄学习拳法，郭老先生知道后斥责他说，"不跟阎王爷学，跟小鬼儿学"。可见，郭老先生视桩功为宝贝和不传之秘。

王芗斋先生所创立的意拳一门对站桩极为重视，甚至上升到了"立禅"的高度。我身边很多习练意拳的朋友经常一站就是两三个小时甚至更长时间。我有位已退休的师兄每天甚至能累计站到10小时。在江西意拳前辈王安平先生创办的"浑圆山庄"，站桩学员为养生祛病，经常每天累计站十来个小时，实在是令人叹服（我身为律师，工作繁忙，没那么多空闲时间，否则我也想站那么久）。可见，他们肯定从站桩中尝到了极大的甜头，是在享受站桩，而不是咬着牙在那里"熬桩"，否则，那叫罚站，估计神仙也熬不住……

时至今日，站桩功也仅在小范围内传播

我刚开始跟李江华先生学习形意拳时，所学的就是站桩（三体式）加上五行拳。其间，经李江华先生推荐，我还参加了中国人民大学校内的陈式太极拳协会，学习了一段时间的陈式太极拳。该协会的老师基本上只教我们套路，并未传授站桩，但协会发放的太极拳资料中提到过无极桩等几种桩法，可惜言之寥寥，并不系统，因此并未引起我的注意。

倒是协会的会长（一位学长）经常自己"偷偷"在中国人民大学"一勺池"附近的松林里站桩（无极桩）。他原本神色萎靡、脸色蜡黄，习练站桩后皮肤红润、气色甚好，还私下微笑着提醒过我"要练站桩"，此外未作过多宣扬。我当时并未在意，故此也未找他深入探讨（感谢这位师兄，我从中国人民大学毕业后，他向我推荐过李仲轩老人的《逝去的武林》一书，该书对站桩功法及其功效很是推崇，对我影响很大）。

我姑且"以小人之心度君子之腹"，可能曾经的太极拳老前辈和老师们也把站桩作为门内不传之秘，对普通学员只教套路，只对个别弟子强调站桩的重要性并详细传授其站桩功法。

● 令人眼花缭乱的桩法种类

有的读者可能会问，桩法有多少种呢？

桩法种类繁多，让人眼花缭乱、目不暇接，比如无极桩、提插桩、浑圆桩（浑元桩）、三体式（三才式）、矛盾桩、撑抱桩、托抱桩、推托桩、扶按桩、勾挂桩、俯抱桩、撑托桩、平抱桩、降龙桩、伏虎桩、独立守神桩、鸟难飞桩……

这么多桩法里面，即使是同一种桩法，由于门派和传承不同，练功要求也会有差异，比如，我就站过好几个版本的三体式。

有的读者不禁一头雾水："这么多桩法，我该站哪种呢？"

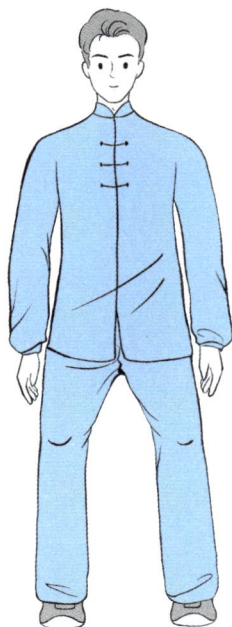

三体式　　　　　　　　　　　无极桩

独立守神桩

伏虎桩

网上有人教浑圆桩（目前是主流桩功），有人教三体式，还有其他各种各样的桩功，导致大家眼花缭乱，不知如何选择。有这种疑问的读者肯定没读过或者没好好读本书的第 2 章——"一个'弱者'的养生探索之旅"。读完它，相信你心中一定会有自己的答案。

04

站桩好处千千万，
就怕你不练

站桩与其他运动项目相比，确实存在很多独特的优点。

● 站桩是强身自卫与健身养生的完美结合

站桩是目前我所见过的能将自卫和健身养生结合得最好的功法之一，这一点确实是其他搏击技术或养生方法所不能比拟的。

我曾拜会过一位内家拳前辈，在他家门前偶遇一位同来拜访的某知名搏击赛事冠军，故此我俩攀谈起来。我当时还纳闷，以他的技击水平为什么还来这里学习内家拳，结果他说，常年的艰苦训练和擂台实战给他带来了不少伤病，自从跟这位内家拳前辈学习后，困扰他多年的伤病缓解不少，并且他对技击有了更深入的体认，改变了他一直以来对传统武术的偏见。

此处再举李江华先生的例子。我在中国人民大学就读时，有一次，一位某省散打高手来到"武林角"找李江华先生切磋，我目睹了他们切磋的全过程。当时薄暮垂垂，林间人影晃动。作为旁观者，我明显感觉李江华先生无论是在身法上还是在反应速度上都远超此人。李江华先生说，虽然他在习练形意拳和站桩之前习练过散打，但站桩后他自觉筋骨更为坚实，灵敏度也有一定提升，站桩对散打水平的提高颇有帮助。面对与他比试的习练搏击或散打的对手，他常常一记鞭腿就能让对方腿痛异常、招架不住。

我在宋氏形意门结识的诸位师友，原先也大多是体弱之人。他们为求祛病健身而接触站桩并刻苦习练，进而修习形意拳。这些老师、师兄弟，后来身体素质都大幅提升，健康水平也大幅提高。正是他们的集体修证，证明了站桩养生不是只对个别人有效的个案孤证，而是一种颇具普适性的健身妙法。

● 担心运动损伤？来站桩吧

通常，剧烈运动很难避免关节损伤，比如滑雪和打篮球。我就有朋友遭遇过因剧烈运动而跟腱断裂的情况。还有一位朋友，也是武术爱好者，近几年对中国式摔跤和柔道很感兴趣，他自己倒没啥事，但是他在一次训练中不小心把陪练给弄脱臼了，为此他颇感懊恼。相对来说，站桩是一种静态运动，在这个过程中不需要剧烈拉伸筋膜，也不需要进行高强度对抗，故此不会对自己和他人造成意外伤害。

有人援引《黄帝内经》说"久立伤骨"。甚至一位知名的老道长也这样讲（不知他是否站过桩），这令一些原本对站桩感兴趣的人望而却步。实际上，"久立伤骨"指的是"枯立"，比如因工作原因而不得不久站，如门卫、售票员、售货员等，他们在工作时身体和精神是相对紧张的，肌肉容易僵硬，从而影响气血运行，身体的重心往往集中在腰椎或膝关节等处，当然会出现"久立伤骨"的现象。

站桩的正确方法是调整骨架，形成一种相对稳定的整体结构，均衡地分担身体的重量，并且每个关节都应处于放松和伸展的状态，让关节囊和肌腱像拉开的弹簧一样，让气血循环不受阻碍。这样，每次站桩时间越久，越能强健筋骨，养生效果越好。

● 还有比站桩成本更低、更简便易行的运动吗

站桩不需要准备专门的服装、器材、器械，也不用去运动场馆，故此健身成本极低。如果你是在家站桩，一身睡衣、一双拖鞋就足够了。你也不用采购跑步机、椭圆机、划船机等，如果想练练耐力，买根跳绳就行。你也不需要去专业运动场馆。古人讲"拳打卧牛之地"，意思是只要是能趴下一头老牛的空间就能练拳。站桩所需空间更小，只要方便站立就行。你再也不用担心被一些无良健身房骗钱了。站桩对频繁出差的人更为友好，高铁上、酒店房间里，工作间隙，劳累之余，都可以静心一站，给自己的身体"充电"。

● 站桩有普适性吗

套用一下影片《少林足球》里的一句台词——站桩是适合男女老幼的。

一位意拳老前辈幼时身体孱弱，8 岁时即由父亲亲自传授站桩，不但改善了体质，后来更成为知名武术家（他 70 多岁仍能轻松把我发放到墙上，令我深感震撼）。我在短视频网站上还看到一位意拳的老师教自己十来岁的儿子站桩，这孩子练了 2 年，

竟然具备了一定的抗击打能力，令人佩服。不过，未成年人过早练习站桩可能导致骺线提前闭合，也许会影响身高。稳妥起见，还是建议爱好站桩的家长等孩子成年了再教他们站桩（详见本书最后一章"站桩问答录"中的相关内容）。

我在跟天津宋氏形意拳的老师学习时，他提到，天津市区有位少女随一位老人习练形意拳和站桩，筋骨异常坚实。一次，一位青壮年男子来向老人寻衅，这位少女用"三靠臂"与其切磋，竟把这位男子的胳膊磕伤了。

我遇到过一位 60 多岁的老人，他在退休后才开始习练站桩和内家拳，本为养生，几年过后不仅收获了健康的身体，还意外具备了一定的技击能力。

所以说，站桩的确具有很强的普适性。

● 众多习练者现身说法

站桩纵有千般好，也不能听我一人说。下面是众位桩友的练功感受与体会，以及他们于健康上的收获。

精力明显提升，睡眠质量显著提高

"我以前总是精神不振、注意力不集中，站桩半年后，这些状况基本上消失了。以前我必须午睡，下午才有精神。现在则不需要了，我一整天都是精神焕发的。"

"我以前体质较差，精力不济，每天得睡足 9~10 小时。一天工作下来，晚上连看书的精力都没有。站桩三四个月后，我的睡眠时间控制在了 8 小时以内。有段时间，为了挤出站桩时间，我将睡眠时间压缩到了 7 小时，但精力也够用。"

耐力增强

"我感觉自己的心肺功能在站桩后明显增强。我一直没进行过强度较大的体力活动，也不知道自己的耐力如何。前几个月天气好的时候，我跟大家一起去爬山，在同龄人里，我竟然是最活跃的那个，这让我自己都感到惊讶。"

胃肠功能有所改善

"我自幼体弱多病，尤其是胃肠功能十分不好，近年来又患上了鼻炎、咽喉炎之类的毛病。（站桩）头 3 个月，这些方面都有了明显的改善迹象。尤其是我的胃口好多了，一到饭点儿就饿，饭量也增加了。"

鼻炎、哮喘等症状有所改善

"我患过严重的过敏性鼻炎。从 19 岁上大学开始，鼻炎绵延快 20 年了！以前，我每周都会有一两天不停地打喷嚏、流鼻涕、鼻塞，换季时还会引起哮喘，剧烈咳嗽、打喷嚏，甚至影响到睡眠，必须大量用药抑制症状。站桩后情况好转，今年秋冬交替之时，我居然只犯了一次鼻炎，而且一天多就好转了。哮喘用药量也减少了，也不再鼻塞了。"

不容易感冒了

"站桩后，我的抗寒能力比过去提高了很多。以前我比较容易感冒，一到冬天支气管炎就发作，老咳嗽。现在这些症状几乎没有了。"

肩颈劳损和腰伤有所改善

"我站桩到现在正好一年零一个月。在习练站桩之前，由于长时间开车，我的颈、肩、背、腰发生劳损，非常难受。站桩半年后，这些症状基本上消失了。"

"站桩刚 2 个月的时候，困扰我快 2 年的腰伤不知不觉好了。在接触站桩之前，由于腰部不敢用力，我平时走路都是佝偻着，背一直起来腰就痛，甚至到了影响生活、工作的地步。没想到，我的腰伤居然就这样好了……"

情绪稳定、心态平和

"站桩给我带来的变化真的很大！原先我脾气不好、火气很大，脸上经常长痤疮，现在则很少长了，也很少发脾气了，情绪比较稳定，心态也比较平和。"

"久痔"的苦，站桩懂你

"以前我的痔疮经常发作，上完厕所擦拭时，经常发现纸上有血。自从站桩后，痔疮就不怎么发作了。现在不仔细回想，我都忘了自己以前还有这个毛病。"

● 女性适合站桩吗

作为"半边天"的女性，同样也是家里的顶梁柱，一旦身体出现问题，整个家庭很可能会陷入混乱。为了保持身体健康，很多女性都会选择跑步、瑜伽等锻炼方式，目前越来越多的女性开始站桩，站桩成了她们生活中必备的一项"修炼"。

一些女性成为站桩功法的忠实粉丝，并因此获益颇多。以下是几位女性站桩者对站桩效果的心得体会，相信对站桩感兴趣的女性会从中得到启发。

一位喜欢舞蹈的女生与站桩的缘分

"最初向我介绍松静桩的是徐师兄，他说他平时练站桩，还向我简单地介绍了松静桩的情况。当时，我精神为之一振，脑海中似乎闪现出一簇火花，这种锻炼方式正合我意，可以用来解决困扰我的问题。我当时的感觉就是：'众里寻他千百度，蓦然回首，那人却在，灯火阑珊处。'也许这就是所谓的缘分吧。

"我练松静桩主要有两个目的。第一，我想借此提升我跳舞的境界。我平时很爱运动，尤其喜欢跳舞，属于自娱自乐型。但是，我觉得自己在跳舞方面有瓶颈。看那些舞蹈高手跳舞，你会觉得他们的整个灵魂都在跳舞，一呼一吸都那么有韵律。观众会被他们打动、感染。我会感受到来自他们身体内部的强大力量和气场，而肢体动作仅仅是他们表达内心的一种工具而已。我觉得我就缺少那种来自身体内部、由内向外散发的力量与感染力，还仅仅停留在肢体动作的低级阶段。我觉得松静桩可以培养身体由内而外的力量，慢慢地，我也会在跳舞中用丹田呼气，一切动作都发于腰，用内在情感来带动外在表达。

"第二，我想找到一种适合我的健身养生的方式。虽然我还比较年轻，但是我对健身养生很感兴趣。我平时课业比较繁忙，导师交给我的任务又很多，估计未来的工作强度也会比较大。我可不希望牺牲自己的健康。曾经有位师姐说：'最忙的时候睡觉都睡不够，你是选择睡觉还是健身啊？'我觉得站松静桩可以一箭双雕。

"当你工作一天拖着疲惫的身体回到家时，你还有余力举起杠铃做 100 下吗？当你困得眼睛都睁不开时，你还会打开音乐、泡上香茶，在瑜伽垫上练瑜伽吗？而站桩什么都不需要，你只需静静地站着，任凭身体根据大自然的韵律自行调节，站完之后你会收获一个全新的自我，这不是一种最自然、对场地和器材要求最低、最简单易学、最容易坚持的一种健身方式吗？

"穿上健身服在健身房里挥汗如雨，那是有空闲的人才能每天做到的事情。而对每天忙忙碌碌、经常加班、每天花一两个小时在路上，身背房子、孩子、老人三重压力的上班族来说，我觉得站桩就是一剂良药。这也是为什么在瑜伽和站桩之间我选择了站桩……"

跟痛经说拜拜

"我一开始站松静桩时没什么太大的感觉，但是在坚持站了 1 个月以后，忽然发觉自己不再痛经了，这以后，生理期就比较准时了。以前，我因脸色差、痛经还特意看过中医，并吃过几个月中药进行调理，但是效果并不明显。我其实一点都不喜欢吃中药，觉得太苦。我一度感到很绝望，心想：如果连中医都治不好我的病，那还能有什么办法呢？直到我遇到松静桩，才发现站桩真的非常神奇。真心希望所有被痛经折磨的女生都可以有缘遇见松静桩。"

顽固便秘得以改善

"据说，女性相对男性来说更容易有便秘的烦恼，我就是其中一员。想必很多女性和我一样备受便秘之苦吧？我上大学时就有便秘的烦恼，参加工作后更是两三天才会排便一次，这令我非常苦恼。有时候，我的脾气也会因此而变得异常暴躁（在此向我的老公和女儿表示深深的歉意）。站桩几天后就有了非常明显的效果，基本上站桩半小时后就会有便意。"

焦虑、抑郁症状减轻

"我强烈推荐所有有焦虑、抑郁症状的人尝试站松静桩。我是个很敏感的人，经常因琐事焦虑到失眠，又因失眠而更焦虑，如此恶性循环，已经到了影响正常工作和生活的地步，为此我几近崩溃。半年前，我开始站松静桩。通过站桩，我找回了身心的安定与松弛。此前执着、纠结的很多问题，我也能看开了，人也变得开朗许多。身边的人都说，我就像变了个人一样。"

站桩就是我的"暖宝宝"

"很多女性体质都偏寒。很不幸，我就是其中的一员。以前我跟别人握手时，很多人都会说'你的手好凉啊'。谈恋爱时，我一握住男朋友的手，他就会故意抽开，做出夸张的表情，好像摸到了冰块似的，嘴里还叨咕着'今夕何夕，见此凉人'。我曾在时尚圈工作，有位'时尚女魔头'对秋裤嗤之以鼻，而我则是天气一冷就想穿秋裤。冬天，脚底板、膝关节和大腿上甚至还要贴暖宝宝，衣服也总要比别人穿得多、穿得厚。站桩几个月后，我的体质明显改善了，手心经常能感受到暖意，也没有那么怕冷了，真是神奇呢。"

● 可以带上家里的老人一起站桩吗

请带上老人一起站桩

作为律师，我的主要业务方向是离婚和继承。在处理继承纠纷的时候，我经常接触到老年人，其中很多人年龄不是太高，身体状况却很差，或者因小病不断而生活质量低下，或者因阿尔茨海默病而神志不清乃至经常走失，或者因罹患重病而生活不能自理……

有一次，一位客户给我看了一段她母亲生前的视频：当时老人已经卧床，生活不能自理，时而清醒，时而糊涂。老人眼神空洞而漠然地看着柜子上自己丈夫的遗像，问她："这是谁啊？"她答道："这是你老公啊！"结果老人却说："不是我老公，是你老公吧？"那一刹那，我的眼眶湿润了。无论这些老人在盛年时曾经多么风姿飒爽、才华横溢、事业有成，到了暮年，他们都会像懵懂无助的孩子一样令人心疼。我心想，如果这些老人能够及早习练站桩，也许就不会出现这样令人唏嘘的情况了吧。

现在，一些上了年纪的人打发业余时间的方式，除了坐在沙发上看电视就是抄起手机刷短视频，鲜少读书，估计看到本书的老年人更是少之又少。因此，我期盼看到此书的读者能够把松静桩教给身边的老人，让他们拥有健康的晚年。

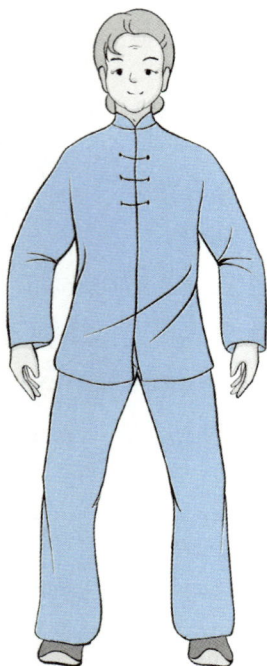

老年人站桩

一对百岁老夫妻的故事

我认识一位阿姨,她今年 70 多岁。据她说,她是 40 多岁时开始站桩的,深感受益。为了父母的身体健康,她想尽各种办法劝说双亲站桩,但两位老人一直不太愿意站桩。

两位老人 80 来岁的时候,虽无重病,但小毛病不断。这位阿姨的师父(某知名意拳前辈)也建议老人站桩。老人这回比较听劝,每天一有时间就站桩。

如此认真站桩的回报就是,两位老人,一位活到 100 岁,一位活到 101 岁。而且,直到生命的最后阶段,两位老人生活都能自理。母亲头脑清晰、思维敏捷,看到以前的照片,还能很快想起那是什么时候的事。阿姨回忆，有一回她在外地，深夜开车回家，已经 100 岁高龄的父亲给她打电话，叮嘱她路上注意安全。她眼含泪花地说，在月色如水的夜晚，一位百岁高龄的父亲还在惦记着自己的女儿，一想起这个场景，她的心里就感到特别温暖。

血压降下来了

"我 70 岁左右时去医院体检，查出患有高血压。医生跟我说，像我这种情况需要终身服药。从去年开始，我只要有空就站桩，到今年年初，我的血压逐渐降低，现在已经基本恢复至正常水平。"

如何鼓励老年人加入站桩的行列

我有一位忘年交，他其实年纪并不算很大（才 70 来岁），但是一侧胳膊已经患上了"脊髓空洞症"（在遇到他之前，我真不知道还有这种病）。那条胳膊几乎失去了知觉，垂在体侧，手指肿胀蜷缩成一团，已经无法伸展了。我劝他站桩，他眼里闪过狐疑，说自己行动不便不能站了，我也只能报以一声叹息。

现在的老年人普遍经历过 20 世纪八九十年代的"气功热"，有的可能当年还被骗过，故此，只要跟"气功"这两个字稍有些关系，就会引来他们异样的目光。如何让家里的老人也加入站桩的行列呢？以下方法可供参考。

第一，你自己要习练站桩。如果你的身体素质明显提高，那么你就成了老人身边活生生的例子，这叫"现身说法"。

第二，找习练站桩的老年人跟他们聊一聊。同龄人说的话，他们比较容易听得进去。

第三，多鼓励他们。*想一想在你成长的过程中，父母所给予你的忍耐、鼓励和爱吧（想一想父母当初是如何忍受处于叛逆期的你的）。现在，请把这份忍耐、鼓励和爱回报给他们。*

站桩初始，由于要过"筋骨关"，老年人会感到枯燥、不舒服，筋酸腿抖，身体素质差的人甚至会想放弃。这时，一定要鼓励他们坚持下去。闯过这一关后，每次站桩都能让人感受到身体和精神上的愉悦，他们就有兴趣继续坚持下去了。

此外，在站桩过程中，身体会有各种反应，甚至病灶还会有排病反应，比如患有胃病的人会打嗝不止、脚有旧伤的人脚踝会肿胀，等等。有的老年人到了这个阶段会误以为站桩把自己站坏了，想打退堂鼓。这时，你要告诉他们，适度产生这些身体反应（包括排病反应）是正常的，这是身体在进行自我调整和修复；如果身体反应过大，可以减少站桩时间，适当休息。如有突发情况，切记不可贻误就医时机。

05

松静桩
该怎么站

下面我来给大家具体讲一下松静桩到底应该怎么站。

● 3 个小小的准备工作

（1）准备好宽松的衣服和合脚的鞋子，不要穿紧身衣。衣服最好是棉质的，以便吸汗。

（2）找一个安静的环境，空气要清新且流通。密闭空间容易导致缺氧，且空气污浊对呼吸道不好。

（3）不要在空调房或者冷风口练功，以免着凉。站桩时毛孔会打开排汗，所以身体不能受寒。古语云"避风如避箭"，《黄帝内经·素问·上古天真论》中也提到"虚邪贼风，避之有时"。

● 放松心情去站桩

站桩对多数人来说，是一种全新的运动形式。

事先说明一下，桩功的指导思想与一般的运动项目不同。

站桩前请先放松心情，不要把站桩看作一门功课、一项任务或一种负担。

站桩，其实就是为了给自己的身心提供一段休息和自处的时间，给自己的精神"充点电"。所以，要有一种歇在桩上的感觉。请默默告诉自己：咱就是歇会儿，不是锻炼。

站桩需要静心以养神，所以要最大限度地忽略外部环境以及内心杂念的干扰。当然，初学者很难做到这一点。因此，我建议，先把所有的注意力集中到正在站桩的身体上来，静心感知身体的变化。这就是传说中的"以一念代万念"。

● 核心：站桩时的形体调整

脚分开

两脚分开，大约与肩同宽。两脚可平行或者略呈外八字。身体的重量在两脚上 1 : 1 分配，在每个脚掌上也要均匀分配。大致要求如此，每个人可根据自身感觉进行微调。只要感觉舒服就好！

头上领

虚领顶劲，感觉就好像头顶有一根细绳向上微微牵起头部（请着重体会"微微"二字，这两个字在有关站桩的要求中会不断提到），但注意动作幅度不要过大，以免颈部肌肉僵硬。

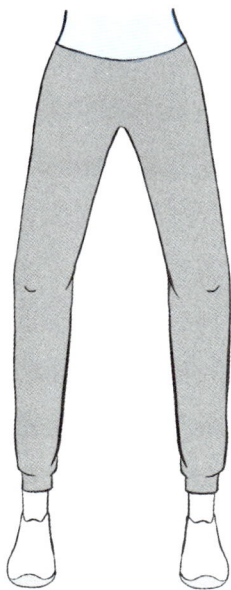

脚分开

头上领

　　有的老师教这个要领时让学员想象头上顶着个东西，这样不妥，很容易导致学员颈部紧张。"顶"和"领"还是有区别的。我个人体会，"顶"是技击的练法，拳击、散打都有此要求，"领"是练内功的方法，可以把颈椎调正，让关节舒展开。

　　领是一个"微微"的意念，是为了达到以下目的。

　　• 使精神振奋、身姿挺拔。

　　• 体会头颅的悬空和松沉二者对立统一的感觉，让颈项放松竖直，让颈部的气管和血管畅通。

　　• 把整条脊柱"挂"在空中，让它在自身重力的作用下舒展开。

　　若意念过重，就会做成"拔"，反而引起颈部肌肉紧张。

　　喉部和颈部是否舒服也可以作为判断"领"做得对不对的标准之一。

收下巴

即内家拳常说的"下颌微收"。站桩时，要把下颌微微向里收，但目光仍然保持平视。做下颌微收这个动作时，下颌只需微微收，就像远处有熟人走来，你向他微微点头示意一样，动作幅度不要过大。我有个朋友，人很瘦。他以前做这个动作的时候，下颌收的幅度过大，双下巴都挤出来了，这是错误的示范。

下颌微收的同时，目光要保持平视。这个时候，如果有人站在你对面，他会感觉你的双眼是略微上瞟的。注意，此时不要低头注视地面。老前辈说，站桩时低头看地面会导致上火。

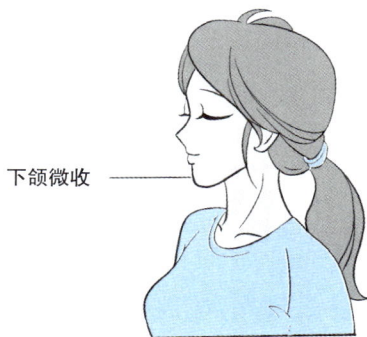

下颌微收

收下巴

唇微闭

嘴唇微闭、牙齿轻合，不要张着嘴或者咬紧牙关。练过静坐或者丹道的人应注意，不要把"舌抵上腭"的要求"嫁接"过来。站桩时不需要舌抵上腭。

唇微闭，
似笑非笑

唇微闭

胸放松

胸部放松，不要像站军姿一样挺胸，也不要含胸。这两种姿势都不自然，都会导致呼吸不畅、胸肌僵硬。

错误动作——挺胸

错误动作——含胸

臂下垂

肩、肘、手放松，双臂自然垂于身体两侧，掌心向内。肩、肘、手应自然放松，不要刻意压肩膀"假装"下垂，以免肌肉僵硬。

双臂自然下垂，就像柳枝一样自然垂下。手掌微微放松，手指不要并拢，也不要做握球或者虎口外撑的动作。

双臂不要紧贴身体两侧，要留有一定空隙，以免呼吸不畅。其实，双臂只要像柳枝一样自然下垂，就不会紧贴着身体，双臂跟身体之间自然会留有空隙。

臂下垂

臀微坐

人好似坐在高凳上，但臀部只是微微搭在凳子的外沿。同时，想象后背倚靠着一堵平滑的墙壁或者一棵笔直、粗壮的大树。

 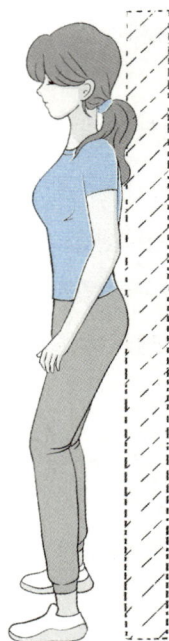

臀微坐　　　　　　　似靠墙

膝微屈

　　一定要掌握好屈膝的幅度，微屈即可。站桩不是蹲马步，没有必要蹲得很低，否则容易伤到膝关节。而且，据我的习练心得，蹲得太低身体反倒不容易放松，甚至对进入桩态起到反作用。此外，膝关节一定要朝向脚尖的方向，以免膝关节损伤。

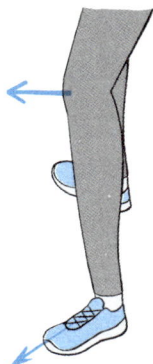

错误动作——膝关节与脚尖方向不同

像骑马

圆裆裹胯，就好像骑在马上——两腿跨在马背两侧，整个裆部呈圆弧形，就像拱形的桥洞（如下图中的弧线）。裆部切不可呈尖裆（如同锐角的形状），否则身体的重量会直接作用于膝关节，对膝关节造成损伤。

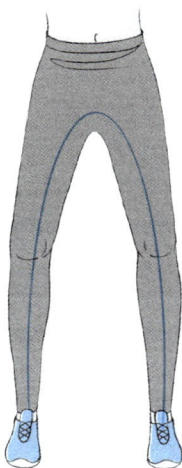

像骑马

　　刚开始站桩时，达到上述要求就可以了。按照这些要求完成姿势调整之后，可以从头到脚再检视几遍各个部位是否调整到位。确定自己的桩姿基本符合上述要求后，就可以开始站桩了。

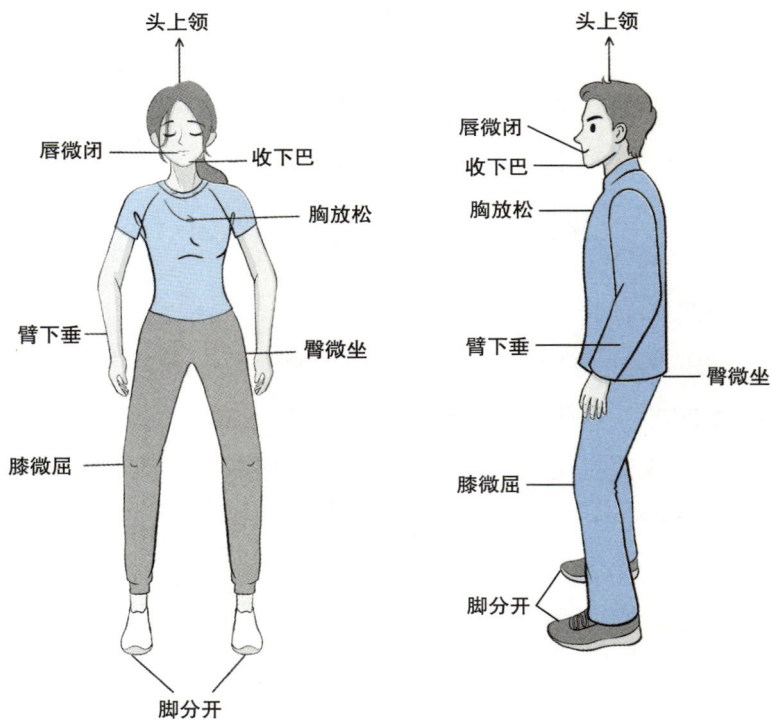

头上领

唇微闭　　　　收下巴

　　　　　　　胸放松

臂下垂　　　　臀微坐

膝微屈

脚分开

松静桩正面照

头上领

唇微闭

收下巴

胸放松

臂下垂

臀微坐

膝微屈

脚分开

松静桩侧面照

站桩核心"三字经"

脚分开，头上领，收下巴，唇微闭，

胸放松，臂下垂，臀微坐，膝微屈，

像骑马。

● 站桩时我该想什么呢

放松，不断地放松

你如果专注于身体的感受，很快就能感受到身体的"松紧"。当感到身体某个部位有僵硬感时，应逐步引导它放松。对现代人来说，最常见的紧张部位是脖颈和肩膀，毕竟现在大家伏案、看手机、看电脑的时间太长了。

保持内心的宁静

关于这一点，我的感受是，如果心神散乱，即使每次站桩的时间很长，站桩效果也会大打折扣。

如何收敛神意，以起到养神的作用呢？

此时可以反观自身。当发现自己走神时，应提醒自己把注意力放回到自己身上，继续关注肌肉僵硬的地方，引导那里慢慢放松。

当身体比较放松，或者一次站了较长的时间，感觉自己与环境融为一体，内心非常清净的时候，可以保持这种静谧的状态。

老前辈讲，"静听窗外细雨声"。站桩入静的时候，耳边仿佛会响起一些白噪声，就像窗外细雨蒙蒙的感觉。

另外，在心态上，如老前辈所言，应如春水融冰、母鸡孵卵，不可急躁冒进，不可能一口吃成个胖子，久久为功，必有所成。

适当运用想象

如果初练时心静不下来，身体放松不下来，甚至觉得站桩枯燥煎熬，可以用一些良性意念进行诱导。比如，可以想象以下任一情境。

- 想象自己在淋浴，温润的水自头顶缓缓而下，每流经一寸肌肤，这寸肌肤就得到放松，直至脚底。

- 想象自己伫立在海边，面朝大海。此时，海风轻柔地吹来，吹拂着身体上的每一根汗毛，令人倍感清爽。

- 想象雨夜在房间里，静听窗外淅淅沥沥的雨声，空气清新无比，沁人心脾，内心无比安静、坚定、舒畅、喜悦。

- 想象自己站在江中竹筏之上，见远山婀娜，闻歌声缭绕。江风习习，衣袂飘飘，令人愉悦。岸边亲友团聚，欢声笑语，一片祥和。

上述情境仅供参考。你可以选一个你最喜欢的、令你感觉身心放松且愉悦的情境。但是，要注意，意念诱导是辅助你放松、静心的工具，而非桩功本身。不要把精力用在想象那些具体的场景上，不用想得特别真切（要是把画面想得跟高清电视画面似的，你会累到崩溃……），蒙蒙眬眬、似有似无就可以了。

另外，如果你已经熟练掌握站桩要领，站桩后很快就能入静，那就不要用以上方法了，以免影响你入静。毕竟，你都过河了，还惦记着船干什么？这就是"渡河须用筏，到岸不须舟"的道理。

● 站桩三不做

站桩时最好不要听音乐、评书或者看视频等

有时候，初学站桩的人会觉得站桩时听音乐、刷视频可以很

快把时间熬过去，还不那么累。其实，这是在分散注意力，不是什么好事情。

站桩时，"松"是对身体的要求，"静"则是对神意的要求。

如果神意总被外物所牵引，心神散乱，这时候站再长时间的桩，也起不到什么养生效果。

不必强迫自己站很长时间

学习任何新事物总要有个过程。刚开始时，大家不用苛求自己站很长时间，以免产生畏难或厌恶的心理。

王芗斋老前辈曾经说过，站桩要留有余兴、留有余量。

刚开始时，可以每次站 5 分钟，隔几天逐渐延长站桩时间，站桩 3~6 个月后，尝试延长到每次 30~40 分钟。根据我的站桩经验，30~40 分钟是站桩的门槛时间和临界点，达到这个临界点，站桩才会对身体起到更大作用，这就好像烧水，水温达到 100℃，水才能烧开。

对体弱的人或老年人来说，可以每天分 3 次或多次站桩，每次 5~10 分钟，待身体状况有所好转，再逐步延长站桩时间。当然，最好每次站到 30~40 分钟。

对于站桩半年以上的朋友，建议大家突破一下自己，尝试每次站 1~2 小时（不要勉强自己）。我的感受是，单次站桩时长突破 2 小时后，不仅身体素质会发生质的改变，就连看世界的眼光都会不一样。此中光景，难以言喻，只有练到的人才能深有体会。

不要掺杂其他功法，不要胡乱"嫁接"

现在站桩的法门很多，网上也有各种站桩教程。这里要提醒大家，虽然这些功法都叫站桩，但是不同流派的桩功在功法设计、内在要求等方面存在差异，有的功法之间甚至是相互冲突的。

所以建议大家，在初级阶段最好确定一种功法。比如，你要习练松静桩的话，就仅按照上面的要求去做，不要掺杂其他桩法的要求，否则可能会事倍功半，甚至可能适得其反。

● 开启你的站桩之旅吧

上述是松静桩入门阶段的要求。注意，入门阶段做到这些已经足够了。即使是这些简单的要求，想要真正做到，也是要下一番功夫的。

随着桩功日益精进，以后会有更多且更复杂的要求。但在入门阶段不能马上都加进去，否则大家会抓不住重点，导致思维混乱或产生心理压力，进而使身体难以放松。

在后续章节，我们会逐步介绍站桩进阶过程中一些精细化的调整方法，并对习练者常见的问题予以详细解答。

总之，请开启你的站桩之旅，开启你的健康之旅吧！

06

收功

影片《武状元苏乞儿》里有个名场面：苏乞儿一套降龙十八掌打完之后，有一个帅气的收式："打完收功！"

其实，在各种武术表演中，"收功"都是结尾最关键的一环。如果没有收功，好像总缺点什么，就像写情书没落款，就像虎头后面续了根蛇尾，就像吃完饭没擦嘴。

上一章中，我们讲了松静桩到底该怎么站。有的读者会问，那我站完桩需要收功吗，该怎么收功呢？

● 站桩后到底要不要收功

关于站桩后是否需要收功，众说纷纭

有的武林前辈和老师认为，站桩后不用收功。他们觉得，从技击角度讲，你把别人击败了，还要留出一定时间去收功摆个造型，这一点也不现实。比如，在实战中，你把别人击倒了，此时，对方在地上痛苦地挣扎，你本来应该再补一击，使其彻底丧失反击能力，但这时候你反而在静心敛神地收功，结果对方暴起或者偷袭你，那就糟糕了，没准儿对方会"逆风翻盘"，到时很可能轮到你在地上痛苦地挣扎了。

很多老前辈则比较重视收功，这是从练功角度讲的。比如，有些习练通背拳的前辈、老师，在练完功之后还需要练金鸡抖翎，在身体的细微抖动和震颤中放松筋骨肌肉，以起到落血回心的效果。老辈人那时没有筋膜枪可用，练习金鸡抖翎无疑起到了人体筋膜枪的功能。

内家拳尤其重视收功

内家拳行功时，筋骨、气血、脏腑、神意全都调动起来了，且运行方式不同于常人，所以练完之后必须有一个返本归元的环节，否则，体内气血循环骤然间减速或停止，很可能导致某些经络淤塞。

我在跟随李江华先生学习形意拳时，是有收式的。我学习的陈式太极拳中也有收式。因此，此后无论是站桩还是练拳，结束时我都会习惯性地以收式来收功。

● 该如何收功

下面讲一下如何收功，供读者参考。

在站桩完毕想收功的时候，保持松静桩的桩姿。

双手上抱

把双手从身体两侧缓缓抬起，向身体前上方合抱，就像拥抱亲切的大自然一样。同时，缓缓地吸气，想象着把大自然的精华之气轻轻吸入自己的体内。

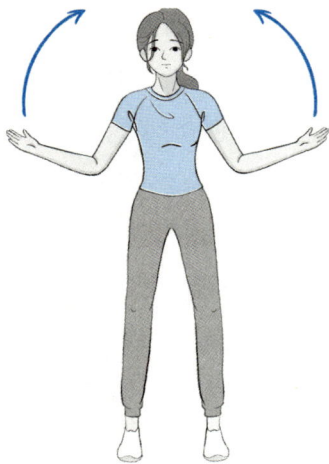

双手上抱

翻掌下降

双手从身体两侧向上向内画弧线，经头顶后，翻掌缓缓下降，并经过身体正前方。在这个过程中，要保持吸气。

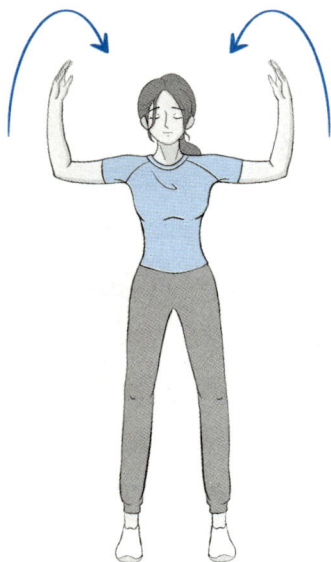

翻掌下降

气沉丹田

双手大概降到鼻子正前方的时候，开始呼气。这时候，意识要转入体内，想象着刚才吸入的大自然精华之气正随之在体内缓缓下降，一直降到下丹田（就是小腹正中的位置）。

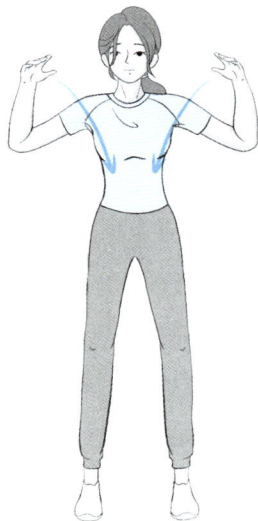

气沉丹田

停留一会儿

双手引气，经鼻、口、胸部、上腹部正前方缓缓下降，降到小腹正中的位置时停下来。此时，注意力也随之停留于下丹田。停顿一会儿，让气定一定。

停留一会儿

反复做 3 次收式。

　　单纯从养生的角度讲，这是一种很好的功法。接触过道家内丹功的人可能会发觉，这其实是一个导引动作。当然，如果没有修习丹道的机缘，对此不必过多探究。古人云："言语道断，心行路绝。"收功动作虽然简单，但用文字表达总有缺憾。为防止大家动作有误，我录制了视频，大家可以参考视频练习。

● 活动膝关节和踝关节也很重要

　　初学站桩的人站久了，下肢肌肉容易紧张，气血不易流通，所以，在收功之后，还应当活动一下膝关节和踝关节。具体方法是：双腿并拢，微微下蹲，双手放在膝关节上，以膝关节为中心向左、向右旋转，旋转幅度不要过大，否则对膝关节反而是一种伤害。我一般先向左旋转 16 下，再向右旋转 16 下（我也录制了视频，供大家参考）。

向左转膝关节　　　　　　　　向右转膝关节

这个动作虽然简单，但是很有必要。有的人站久了，膝关节可能会有酸痛的感觉，有时脚踝、脚掌也会有酸痛的感觉，这个动作可以缓解下肢疲劳，保养膝关节和踝关节。内家拳老师在教我的时候，曾经不止一次叮嘱我，在练功前和练功后，一定要这样活动膝关节和踝关节。大家千万不要小瞧这个动作，有个别武林老前辈还把它当作不传之秘，不愿多说呢。

练完功之后，如果还有富余的时间，可以放松全身，散散步。这对身体也是很好的。就像《逝去的武林》中李仲轩老人所说的，形意拳也叫"行意拳"，突出"行走"的"行"字。功夫是站桩站出来的，也是走出来的。

07

辅助功法：
乌龙摆尾

十几年前，我刚跟老师学习松静桩的时候，老师还教了我一项重要的辅助功法——乌龙摆尾。

● 千万不要小瞧这项功法

这不是"甩手功"吗

这个动作看起来有点像公园里大爷、大妈练的"甩手功"。说实话，我当时心里挺不以为然的，心说要站桩就好好站桩，要运动就去打拳跑步，做这么个动作，有什么意义呢？

当时，我虽然认真学了这个动作，但心理上根本未予重视，甚至可以说非常轻视。没想到，不久之后，我就体会到了这项功法的重要性。

我尝到了乌龙摆尾的甜头

那天，不记得是因为工作上还是生活上的琐事，我心烦意乱，试了好几次，根本无法静下心来站桩，心情不禁更加沮丧。这时，我突然想起来老师教的乌龙摆尾，心想，既然静态的松静桩站不下去，那不如练会儿"动功"吧，好歹也算完成今天的锻炼了。于是，我回忆着老师说的要领习练起来。

乌龙摆尾的重点是把意识放在胯上，闭眼体会胯和小腹的转动。没做多久，我心烦意乱的状况就有所缓解，翻飞的思绪开始缓慢沉淀。同时，我感觉两肩松了，手臂也沉重起来。我感觉自己渐渐进入状态了，也有点上瘾了，于是继续练了二三十分钟，感觉两个髋关节转动更加灵活了，有点像生锈的门轴上打上了润滑油。两肩松沉的程度比单纯站桩强，有脱臼之感；小腹暖洋洋的，特别舒服。后来我才知道，这就是初步的气感。

自此之后，我经常在站桩之后或者在心烦意乱静不下来的时候习练乌龙摆尾，可谓受益颇多。

● 乌龙摆尾功法背后的良苦用心

对这项功法有了深刻的体会后，我又去找老师深入请教它在内家拳功法体系中的定位和作用，这才理解了当初前辈设计它的良苦用心。

乌龙摆尾对大家过松肩这关极有帮助

站松静桩时，尽管要求大家体会肩、肘、腕的自然放松之感，但站桩时身体毕竟是静止的，大家对自己的肩是否真的放松了并不好把握。很多人认为，只要肩不动或者不用力，就是放松了。其实不然。内家拳所讲的放松，是在放松肌肉的基础上，实现骨节的打开和筋膜的伸展。

我们练习乌龙摆尾时，两臂是在两胯左右转动所产生的离心力的作用下自然悠荡的。说得直白一点，就是利用躯干的转动把两臂的重量往远处甩。手臂被甩出去之后，自然会牵扯、拉伸肩关节周遭区域的韧带以及肩背部的筋膜，而且不会引起肩部肌肉紧张——因为肩背是被动运动的，没有主动用力。这样，肩关节就会慢慢打开。

乌龙摆尾的检验标准，就是在练习过程中大家能够深刻体认到胳膊的松沉感，而且身体越放松，胳膊越沉。体认到这种感觉，把握住这种感觉，再回到松静桩中，我们就能比较清晰地判断出自己的肩是否松了下来。

乌龙摆尾可以帮助我们自然地达到气沉丹田的效果

练习乌龙摆尾的时候，我们的注意力要集中在胯部，两髋关节松开，骨盆主动运动。两肩放松，胸背部完全不用力，只跟着动。这就把我们日常运动的身体核心部位从"胸—两肩"降到了"小腹—两胯"。

然后，我们躯干的重心会随之下降，躯干的动力源会随之下降，感受到的呼吸起伏的"源头"也会随之下降。久而久之，内家拳的气沉丹田的效果，就会不期而至。我练乌龙摆尾时，小腹会不由自主地发热，就是这个原因。

乌龙摆尾会产生内壮外勇的效果

乌龙摆尾以两胯为"发动机"。每一次转动都源于骨盆的左右旋转，力量顺着脊柱向上传导到胸腔，再外放到肩胛骨，并通达两臂。在这个过程中，力量在体腔内流转，有助于按摩内脏。在习练时，体腔随着两胯左右转动而转动，从而对内脏产生按摩效果。

在练习乌龙摆尾时，两臂随着身体自然悠荡，会顺势拍打到小腹和命门处，使对应部位的骨肉、筋膜产生震荡。这无疑可以起到排打功的效果。一些内家拳前辈的丹田具备较强的抗击打能力，多与习练此类功法密切相关。

所以，乌龙摆尾有通气血、壮丹田、固腰肾等功效。

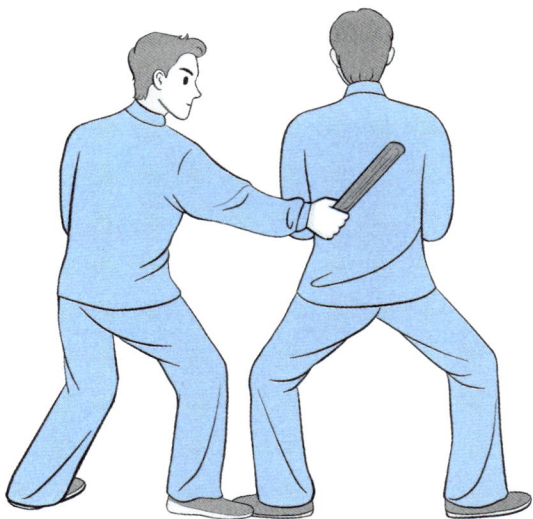

排打功

● 什么时候适合练乌龙摆尾

初学站桩的人可能很难一上来就做到身松心静，所以在每天坚持站桩的同时，可以搭配练一练乌龙摆尾，动静结合、相得益彰。

当我们感到心烦意乱或者情志激动（如大怒、大悲后）的时候，找个寂静无人的地方练一会儿乌龙摆尾，可以引气下行、疏缓情绪、调节压力。

对长期伏案工作的人来说，乌龙摆尾对肩周、颈椎问题有显著的改善作用。

对有志于学习拳法技击的人来说，多练乌龙摆尾可以尽快打通"腰胯—脊柱—手臂"动力链，实现"松肩以出劲"的效果，出拳又快又重，还可以为修习宋氏形意拳的切金断玉劲打下基础。

● 乌龙摆尾该怎么练呢

看到这里，各位读者是不是心动了？那我们下面就讲一讲乌龙摆尾该如何练习吧！

步骤一：将注意力放在胯上

以松静桩姿势站立，先放松全身，然后把注意力放在两胯上。

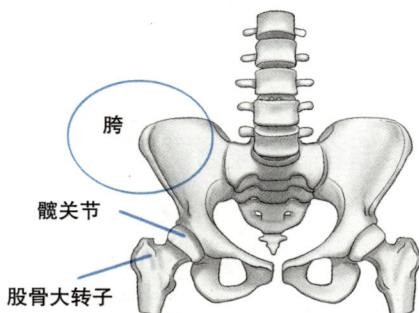

胯的位置示意图

重要的是一定要找准胯的位置！

步骤二：躯干左右旋转

以脊柱为中轴，以两胯为动力源，整个躯干先向左水平旋转，转到极点时，再整体向右水平旋转，向右转到极点时，再向左水平旋转，如此往复。此时，我们的躯干就像酒店的旋转门一样。

中轴

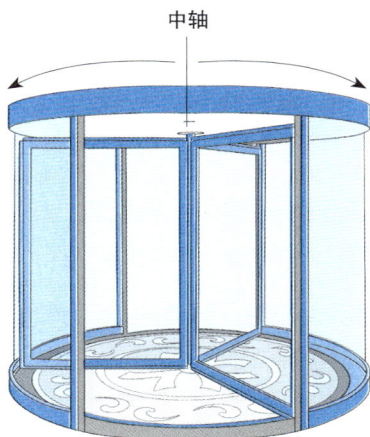

旋转门

步骤三：甩动手臂

两臂在躯干的旋转带动下自然甩动。两手随着手臂的甩动，抛出去再落回来。此时，注意调整一下两手的落点，一手轻轻拍在小腹处，另一手轻轻拍在后腰命门处。

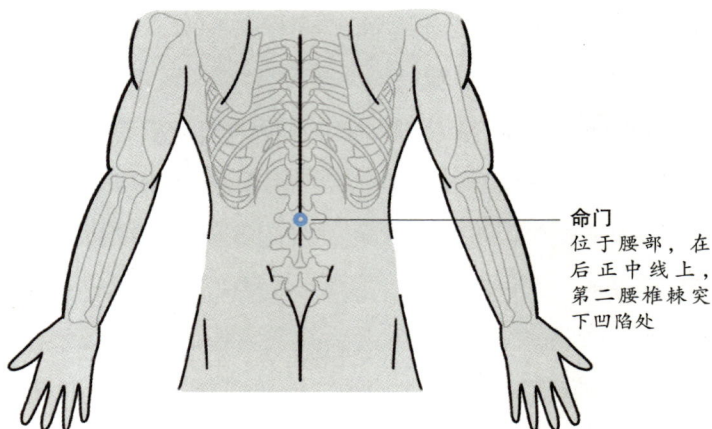

命门

位于腰部，在后正中线上，第二腰椎棘突下凹陷处

命门的位置示意图

　　注意，躯干左右转动的速度不要过快，每 1~2 秒单方向转动一下即可。你可以把上身想象成拨浪鼓，脊柱就好像拨浪鼓的把手，两臂如绳，两手如鼓槌。稳稳地、匀速地搓动把手，让两个鼓槌轻轻敲在鼓面上。

拨浪鼓

　　刚开始习练这项功法时，转动次数不用太多，可以从 10 下开始，之后逐渐增加。最好站桩前做 100 下，站完桩再做 100 下。如果你练上瘾了，也可以接着练下去……

　　练习时可以循序渐进。刚开始习练此功时，着意体会两臂随身体旋转而左右悠荡；等到熟练后，可以有意地让前手掌心轻轻拍在小腹处、后手掌背轻轻拍在后腰命门处；等到更进一步的时候，前手掌心轻轻拍在肩膀处、后手掌背轻轻拍在后腰命门处。

第一阶段：两臂悠荡

第二阶段：拍打小腹、命门　　　第三阶段：拍打肩膀、命门

● 常见错误动作矫正

错误一：以手臂带动身体、以两肩带动躯干

这是初学者练习乌龙摆尾时常犯的错误，也是初学者必经的一个阶段。一般人都是手比胳膊灵活、胳膊比躯干灵活，乌龙摆尾则"反其道而行之"，让躯干带着胳膊动，胳膊带着手动。所以，大家在练习乌龙摆尾时，要认真体会胯部带动脊柱转动、脊柱带动胸廓转动、胸廓带动肩胛骨转动这个流程。千万不要用两肩带动身体。

当然，刚开始时，以两肩带动身体是难免的。对此，大家不要有畏难情绪，先练起来，在运动中逐步矫正。不要因怕犯错而不敢练了。

错误二：两胯、两肩运动幅度不同

习练者刚开始体会两胯主动运动时，最易出现这一问题。

当两胯向左右水平旋转时，一般人髋关节没有完全活动开，骨盆向左右转动的幅度有限。此时，如果继续强行拧转，就会造成胯转不动而肩膀依然在转的情况。整个人的上半身会看起来有点别扭，这个动作就做过了。归根到底，我们做这个动作是要慢慢加大胯的活动幅度，而不是单纯为了旋转身体。所以，大家要有点耐心，循序渐进，不要想着一蹴而就。

为避免出现上述错误，我们可以这样做：想象两肩窝与两胯窝这 4 个点构成一个长方形的平面。我们在向左右水平转动身体时，要始终保持这 4 个点在同一平面上，这样就不会做错了。

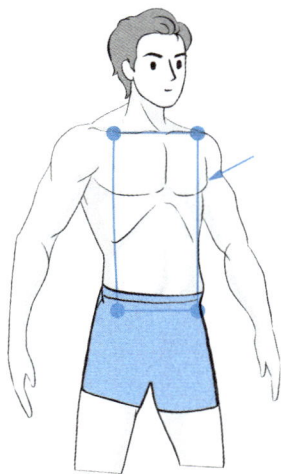

长方形平面示意图

错误三：头随身动

一般人实现肩胯同动之后，容易出现头随着身体左右转动的情况。头一旦随身体转动，脊柱上的拧转力就会减弱，锻炼的效果就会打折扣。

这个问题不难解决。我们可以想象正前方有一个假想敌（一棵树或其他的目标物）。当躯干左右转动时，眼睛要始终盯住假想敌，防止对方过来攻击我们。这样就能始终保持头部面向前方，自然就可以避免在躯干左右转动时，头随身体转到一边去的情况了。

错误四：身体上下起伏过大

在躯干左右转动达标后，有的人会出现上下一颠一颠的情况。

这是躯干有力而下盘间架结构不稳造成的。具体来说，就是膝关节无力，定不住桩形。躯干一转，膝关节打软，身体就上下一颠一颠的了。要解决这个问题，一方面要有意识地使身体更为放松，让重心沉住，比如，可以想象骨盆是个大石磨，让身体一边转一边向下沉。另一方面，要回到桩功训练上，通过松静桩的训练加强腿部筋骨结构的定型，让大腿骨与小腿骨"接骨斗榫"，形成稳固的三角形支架。由此看来，乌龙摆尾和松静桩确实是一动一静、相辅相成的配套功法。

08

雕刻

身体细节

前面几章中，我重点给大家讲了怎么站松静桩以及练辅助功法。学习松静桩的过程就像画画一样，需要大概勾勒出一个轮廓，保证大体上不错，但要想把桩站对、站好，还有一些细微之处（站桩时的要领）尚需雕刻。正所谓细节决定成败，接下来我会把这些细节向大家和盘托出。

● 怎么做到虚领顶劲

老前辈讲"头为六阳之首"，成语中也有"垂头丧气"一词，可见头部的重要性。

在站桩时，头部要做到虚领顶劲，但"虚领顶劲"这个术语比较难理解，我就听过好几个版本的解读了。有人在网上传授如何做到虚领顶劲的时候，甚至要求头上顶本书。我个人不建议这样做，因为这样反而会引起颈肩的紧张，不利于放松。

我们一般会通过一个比喻让大家更容易理解这个术语，就是让大家想象头顶有一条细细的小绳在向上微微牵引自己的头，注意，牵引的力度是微微的。

为什么要做到虚领顶劲呢？其实就是要把大家的脊柱向上抻

拔。但是，在做这个动作的时候，一定要微微地向上拔，不要拔得过度，否则会使脖颈肌肉僵硬紧张，难以放松。很多颈椎不好的中老年人（甚至还有年轻人）经常做牵引治疗，其实也是这个道理，只不过站桩的牵引比较自然（不假外物，自己牵引自己），更符合生理要求。

虚领顶劲

● 站桩时眼睛该睁着还是闭上

经常有练习站桩的朋友问我：站桩的时候眼睛该睁开还是闭上？我本人在站桩的时候喜欢闭着眼，这样可以休息一下眼睛，也可以养神。而且，闭着眼时，外界环境对自己造成的干扰就比较小，也比较容易体会身体上的变化。

当然，有人不习惯闭着眼站桩。如果睁着眼站桩的话，不要看远处看得太真切，模模糊糊、蒙蒙眬眬的就好，目光不要聚焦，以免神意外驰，也不要眼珠子瞪得溜圆。切忌看向地面。老前辈总说，低头猫腰，功夫不高。另外，老前辈还讲，低头看地面容易上火。

如果有人觉得睁眼不好、闭眼也不好，可以半睁半闭，就是眼帘垂下来，眼睑之间只留一条小缝，这叫作"眼半垂帘"。这种方式既可以避免闭眼可能产生的头脑昏沉的情况，也可以收敛心神，避免睁眼时神意外驰的情况。

在站桩的过程中，有的人在眼睛比较疲劳的时候会不自觉地瞪大眼睛，这时顺其自然即可，通过这种方式眼睛可以得到放松。也有的人在站桩时眼泪涌出，眼眶湿润，这是肝经疏通的表现。

● 唇齿轻叩与舌抵上腭

有人会问，站桩时嘴应该闭着还是张开？我们的要求是唇齿轻叩——嘴唇轻轻地合上，牙齿也轻轻地叩上，切忌咬牙切齿。

经常有朋友问，站桩时要不要舌抵上腭？每当他们问到这个问题，我总是逗他们，谁教你站桩要舌抵上腭的？你问问他几个问题：第一，上腭具体在哪里？也就是舌头要抵在哪里？第二，舌头怎么抵上腭？是舌头卷起来舔上去还是舌尖直接顶上去？第三，最关键的是，为什么要舌抵上腭？这一动作的目的是什么？这些问题必须问清楚。

我认为，舌抵上腭源自道家。道家在修炼内丹功的时候，需要舌抵上腭以便"搭鹊桥"，连通任督二脉，所谓"天池不闭，任脉不开"。而且，道家的舌抵上腭不是舌头硬抵上去。在通了小周天之后，舌尖会自动轻微颤动着往上腭上抵，仿佛上腭吸引着舌尖一样。据我的丹道老师说，他们平时只要不是在吃饭、喝水或说话，舌尖都是抵在上腭上的，即便睡觉时也是如此。

大部分老师在教站桩的时候并不会要求舌抵上腭。我们在站松静桩的时候也不要求舌抵上腭，只在你唇齿轻叩的时候，舌头顺其自然地微微贴在上牙牙龈内侧即可。

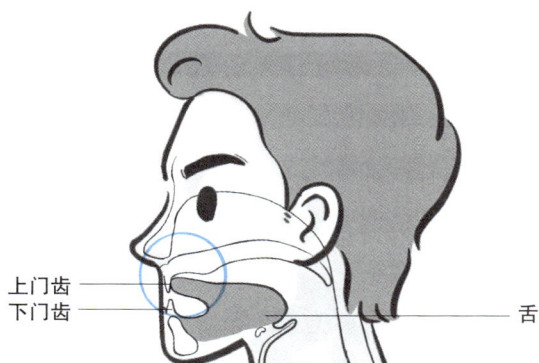

上门齿
下门齿
舌

舌头抵在上门齿内侧

● 怎么做到下颌微收呢

我们要求站桩时下颌微收，就像远处有熟人走来，你向他微微点头示意一样。这里，我们还是强调"微微"二字，请大家着意体会。注意，下颌微收的时候，视线不要看向地面，而是保持平视。

同时，脖子要放松，不要使劲，不要因收下颌太过而挤出双下巴，否则既不美观又会导致脖子僵硬紧张。

有人说，为了做到下颌微收，可以想象下巴下夹着个小球。我们不主张这样做，因为这会让人在站桩时感到比较紧张，总担心没夹住小球，把小球弄掉了。

● 从肩膀到手掌该怎么做

我们再说肩部。刚开始学习站桩的时候，我们不太容易判断自己的肩到底松没松，但有一个部位可以辅助我们检查，就是锁骨。

通常情况下，人的锁骨会指向 10 点 10 分的方向，这时其实人是处于耸肩的状态。通过站桩放松，锁骨会慢慢放平至 9 点一刻左右的方向。

我们在工作时或者在比较激烈的对抗中，肩部容易紧张，这个时候一定要提醒自己让肩放松下来。

肩部放松后的锁骨

同时，腋下要留有一定的空隙。手臂紧紧地贴住两肋，会导致上身紧张、呼吸不畅。只要肩、肘、手自然放松，腋下自然会留有空隙。

肘不要抻得过直，微屈即可。只要胳膊自然下垂，肘窝自然会呈一定的曲度，而不是直的。

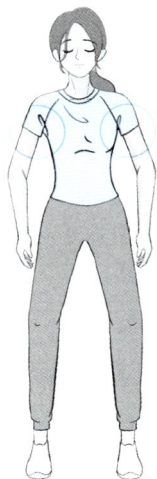

腋下留出空隙

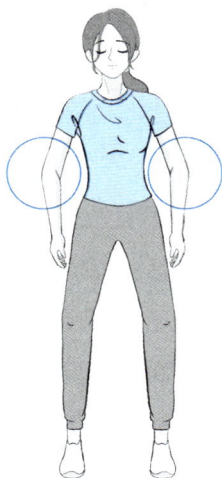

肘微屈

手掌放松

　　我们在站桩时也不要求虎口撑圆或者挑手指，这些是形意拳三体式或其他桩功的要求。初学者如果强行追求这些要领，容易造成手掌肌肉僵硬，难以放松。

正确的姿势是：手掌放松，手指不要并拢，手指之间自然会留有一定的间隙。大家可以体会一下，只要手掌不用力，顺其自然，就达到我们的要求了。

● 怎么放松胸部和腹部

站桩时，胸部要放松。经常有人提到"虚心实腹"或者"空胸圆背"，但实际上很多人对这两项要求都不是特别明确，更不清楚到底应该如何做。

不要像站军姿一样挺胸，也不要含胸，只要胸部自然放松就够了。

同时，小腹也是放松的状态，一点儿力都不用使，不要绷着或挺着小腹。

胸部放松

● 腰部放松与圆裆裹胯

我们再来谈一下腰、胯。

腰部放松

站桩时，腰部要放松。有的老师指出，命门要向身后贴。有的人为了做到这一点，还练"贴墙功"。但是，我们发现，初学者很难做到这一点，这样反而容易导致腰部及下肢紧张。所以，我们只要放松腰部就好。

上身不要向前倾或者像大虾一样蜷缩着，可以想象身后有一堵平滑的墙壁或者一棵粗壮、笔直的大树，而自己微微地向后靠着。

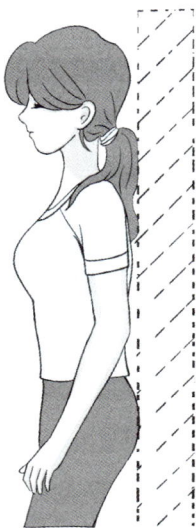

仿佛身后有堵墙

圆裆裹胯

我们在站桩的时候，不但腰要放松，胯也要放松，要圆裆裹胯。前面我们介绍辅助功法乌龙摆尾时提到过胯的位置，对此大家应该已经清楚了。

如何做到圆裆裹胯呢？就像你骑在一匹马上，两腿之间呈现拱形，这样身体的重量可以通过两腿向下传递，避免重量压在膝关节上而导致膝关节损伤。

要注意区分圆裆和尖裆。怎么知道自己做的是圆裆还是尖裆呢？感觉身体的重量压在膝关节上，站久了很不舒服，此时，别人如果面对着你，会发现你两腿之间形成了一个锐角，这就是尖裆。关于圆裆，见下图中两腿上蓝色的弧线。

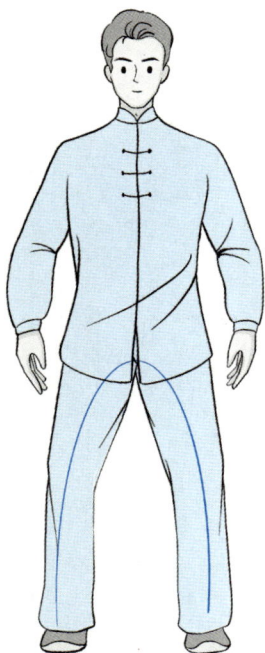

圆裆裹胯

初学者在做圆裆裹胯这个动作时容易挺胯，从而导致下肢肌肉紧张。要纠正这一错误姿势，就要多体会上身挺直、臀部如坐高凳的感觉。

● 别撅屁股

在站桩时，很多前辈和老师都讲敛臀、收尾闾。

"敛臀"就是收臀的意思，与之对应的错误动作是撅屁股，这是站桩者常出现的错误之一。

关于收尾闾，有的人说可以想象自己有一条尾巴，想象这条尾巴从胯下往前钩；还有的人说可以把整根脊柱想象成一杆枪，尾闾就是枪尖，想象尾闾直直地插在地面上。但是，这些比喻都比较抽象，初学者很难想象。强行这样做，反而容易造成身体紧张。

我们并不主张刻意敛臀、收尾闾，而是主张习练者体会坐在高凳子上，似坐非坐、若即若离的感觉，同时，想象身后有一堵平滑的墙壁或者一棵粗壮、笔直的大树，而自己微微地向后靠着。其实，这个时候你就已经在敛臀和收尾闾了。

● 别跟肛门过不去

接着，我们来说说提肛的要领。提肛就是收紧肛门，通俗说就是憋大便的感觉。

很多中医及养生家经常提到提肛，但是，我接触过的内家拳前辈并不主张在站桩过程中刻意去做提肛的动作。你可以体会一下，如果你一直忍着、憋着大便或者肛门一时松一时紧，肛门括约肌容易痉挛，时间长了身体会出毛病的。

其实，在站桩的时候，只要你着意体会坐高凳的感觉，并且圆裆裹胯的动作做到位了，肛门附近的肌肉就是在微微绷着的，这就已经起到了提肛的效果。

另外，我的体会是，桩功深的人在站桩过程中偶尔会有自发的肛门抽紧的感觉，这才是顺其自然的表现，而非故意憋着，跟肛门括约肌较劲，导致肛门附近的肌肉紧张。

● 很多人都错误理解了膝微屈

再说膝关节。

大家有的时候可能不太理解膝微屈。什么叫膝微屈？*膝微屈就好像你要下跪的瞬间膝关节一屈的那种感觉。膝关节略屈就好，屈膝幅度不宜过大*，否则会给膝关节造成很大的压力，容易造成膝关节损伤。很多人不明就里，以为只有蹲得低才能练出功夫来，殊不知这样反倒对膝关节不好，而且，由于蹲起来很吃力，很多习练者站着站着觉得很难坚持就放弃了。

为什么要膝微屈呢？因为如果膝关节是直挺挺的，身体大部分的重量将直接作用于膝关节，长此以往，膝关节容易损伤。而膝微屈则会调动腿后的肌肉和筋群分担身体的重量，减轻膝关节承受的压力，还能有针对性地锻炼腿上的大筋，这就是内家拳高手腿后的大筋比一般人的粗壮的原因。

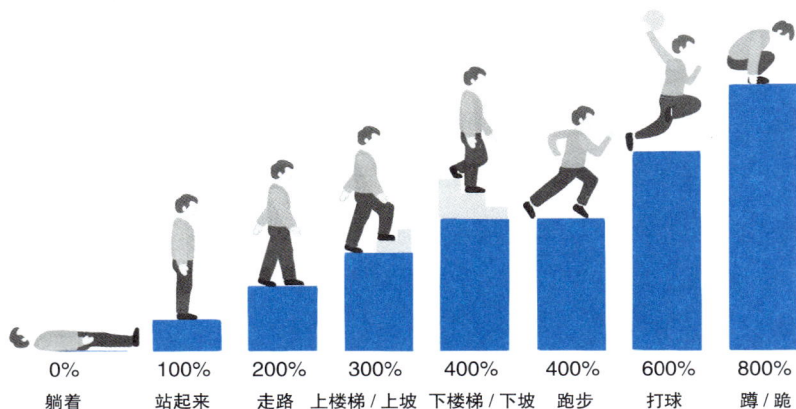

0%	100%	200%	300%	400%	400%	600%	800%
躺着	站起来	走路	上楼梯/上坡	下楼梯/下坡	跑步	打球	蹲/跪

各种活动给膝关节带来的压力

　　大家不要过度解读膝微屈这个动作。不少站桩教程对膝微屈的界定是"膝盖不过脚尖"，但这个屈膝幅度其实不小。实际上，我们通过大量实践体认发现，在养生健身层面，膝微屈只需保持正常的站立状态即可。你只要不刻意绷直腿，膝关节本身就是微屈的。

　　膝微屈有一个检验标准，就是大腿和小腿上的肌肉不要产生紧绷感。具体怎么把握呢？

　　在站桩前，可以先刻意蹲到自己能明显感觉到腿部肌肉紧绷的幅度，然后缓慢地站起来。在这个过程中，仔细体会腿部肌肉是如何逐步放松的，直到感觉到肌肉都松垂下来了，这时，腿部的血液循环就畅通了，这个动作也就基本上达标了。

● 身体的重量均匀分布于双脚上

　　我们再说脚。站桩时要放松脚踝，身体的重量要均匀地分布在左、右脚上，而且在每个脚掌上也要均匀分布。

有的老前辈要求，站桩时脚跟就像踩了一张纸，与地面之间要留有一定的间隙，重心在前脚掌。还有人要求，想象脚跟离地有一定的间隙，脚下有只蚂蚁，不能把蚂蚁踩死。这些要求无端给站桩者带来了很多压力，导致站桩者肌肉紧张。

我们建议将身体的重量均匀分布于整个脚掌，而不用做上述假想。

● 必须蹲得低才能出功夫吗

很多人认为，站桩时必须蹲得很低，才能显现出自己有功夫或者才能练出功夫。对以站桩养生的人而言，我们建议站桩时站高桩，"文火温养"，不求蹲得很低。初学者或体弱者站低桩容易导致肌肉紧张，身体很难放松，进而导致习练者难以坚持下去，甚至还会造成运动损伤。

● 怎样呼吸

有些习练站桩的人会问，站桩时是自然呼吸还是腹式呼吸。有的人以前练过腹式呼吸法或逆腹式呼吸法，就想能不能将其运用到站桩中。我们主张，站桩时呼吸顺其自然即可，无须刻意用腹式呼吸法或逆腹式呼吸法。

桩功深的人在站桩时会感觉自己的呼吸变得深、细、匀、长，甚至有时会忘了呼吸，偶有进入"胎息"的状态，非常奇妙。

09

站桩中
身体反应的处理

　　站桩时间一久，身体就会出现不同程度的反应，这是必然的。哪怕是跑步，腿也会酸，对吧？

　　很多初学站桩的人会因身体出现这样或那样的反应而产生很多疑问，由于不了解这些反应，有些人难免对站桩功法产生怀疑、畏惧心理，甚至会放弃站桩，殊为可惜。

　　接下来，我们将对站桩时身体所产生的常见反应一一予以解释。

● 站桩时身体发抖怎么办

　　抖，也就是哆嗦，分两种情况。

疲劳引起的抖动

　　第一种抖动是由身体疲劳引起的。站桩虽然只是站着，但也是一项运动，时间久了，身体自然就会发抖，尤其是大腿。大多数习练站桩的人身体本来就不是十分强壮，平时又缺乏锻炼，所以下肢并不是很有力量，筋骨也不够结实，站的时间长了，两腿难免发抖。站桩的时间越长，比如一次站 1 小时以上，腿部抖动的频率和幅度就越大。

我刚开始学习站桩的时候，那真是"两股战战"，大腿抖得特别厉害，整个身体不停地颤动。在腿部的肌肉和筋骨通过站桩得到强化之后，双腿抖动的情况就会逐渐减少。我现在站桩的时候就不会有双腿抖动的情况，即便一次站 3 小时，双腿也不会抖。

这种抖动虽然有时候让人心烦，但是它对身体是有好处的。身体的抖动，一方面是在按摩肌肉骨骼，按压五脏六腑；另一方面，是在不断地微调、矫正自己的筋骨结构，为实现内家拳身体结构的"筋骨合槽，骨榫归位"打基础。不过，有的人身体抖动的幅度特别大，就像跳舞一样，这个时候就要有意识地控制一下，别把自己的桩架结构抖散了。

"千金难买机灵颤"

第二种抖动，是桩功有成的表现。内家拳老前辈讲"千金难买机灵颤"，说的就是这种抖动。经过第一阶段的长时间抖动，身体已经形成一个整体结构了。此时的颤抖，其实就是身体发出的整劲。

在进行散手练习的时候，在双方纠缠、顶抱的状态下，某方突然一个瞬时的整体发力，把对手推出去，用的就是这种抖劲。这种抖动，是在长期桩功锻炼中自然形成的，不能刻意为之。

● 身体发热或者发凉

身体发热是好现象

站桩时经常会出现身体发热的现象。

很多人刚开始站桩的时候，会感觉身体变得温热，这是非常好的现象，说明你的气血运转加快了。这是一种煦暖的感觉，就像在海边吹着暖洋洋的海风，晒着暖洋洋的太阳一样。比较容易发热的部位有手掌和小腹，胸部、后背、后腰也会有一定的热感。

身体发凉说明身体在排寒气

与之对应的，有的人在站桩的时候会感觉身体发凉。有的是全身发凉，有的是身上有些部位凉、有些部位热。身体发凉，说明体内有寒气。这可能是初冬时节穿衣比较单薄，或者夏天吹空调受凉了引起的。还有一些人体内寒气比较重，平时冷饮、凉茶喝多了出现胃寒，这些人在站桩的时候会感觉胃部发凉。以上这些都是正常现象。

通过站桩，我们体内的阳气得到提升，寒气会往外排，此时，人就会觉得身体发凉，甚至觉得某个部位在冒凉气。不必担心，这是身体在进行自我调节。只要坚持站桩，慢慢地，体内的寒气就会越来越少，身体的温热感就会越来越强。

● 站桩时为什么会流眼泪

一些平时用眼过度或者近视的人，在站桩时眼睛得到了放松，肝经得到了宣泄，眼睛就会不由自主地流下眼泪。这对患干眼症的人来说是意外之喜。

除了滴人工泪液外，针对干眼症，目前没有特别好的治疗方法。而滴人工泪液实际上并不能解决根本问题，眼睛还是会干涩难忍。然而，站桩初见成效后，泪液分泌便会自然恢复。我身边的很多朋友对此都感到很惊奇。

● 流鼻涕与鼻子通气

有的人在站桩时会流鼻涕。这种身体反应通常发生在患有鼻炎、鼻窦炎或是有感冒症状的人身上。站桩有助于鼻孔通气。在鼻孔通气的那一刹那，人会有一种豁然开朗的感觉（常年受鼻炎困扰的人对此应该深有体会）。

我原来患有慢性鼻炎，练习站桩后我的体质增强了，鼻炎几乎没有复发过，而且一年四季极少感冒，即便感冒了，症状也非常轻。刚发觉有点鼻塞，我就会赶紧站桩，没一会儿鼻孔就通气了。

● "金津玉液"你要不要

在站桩的过程中，很多人会感觉唾液的分泌量明显增多。

唾液是"金津玉液"，可以把满口唾液分 3 次徐徐咽下。如果站桩的效果非常好的话，津液是甘甜的，跟平时口腔中分泌的口水的味道完全不一样。此时，将津液咽下去对身体非常有好处。

当津液满口时，不要一次性咽下去，否则容易呛着。

● 咳嗽和痰

少数人会在站桩的时候咳嗽，尤其是外感风寒时咳嗽更甚。这是身体在对呼吸道进行自我调节、自我清理的表现，是好事儿，并不是被站桩害得咳嗽了。

咳嗽的时候，有的人会咳出痰来。此时提醒大家，痰不是津液，里面有很多病菌，一定要吐出来，不要咽下去。

● 打嗝、放屁与大小便

有些胃肠功能不好的人，在站桩的时候会不断地打嗝或者放屁，有的声音还特别响亮，不站桩时则没有这些现象。大家对此不要过分忧虑，也不要觉得不好意思。这其实是身体在调节胃肠功能时出现的正常现象。站桩时间久了，胃肠功能调节好了，打嗝、放屁的现象自然会减少，甚至不会再出现。这就说明胃肠方面的问题得到了修复，病灶得以清除。

有人站桩时会想上厕所，这时千万不要憋着，否则会憋出毛病的，解决完后站桩才更舒坦。

● 出汗到底好不好

站桩时出汗到底好不好

站桩一段时间后，一定会出汗。

老前辈在提到站桩出汗的时候，常挂在嘴边的一句话就是："出完大汗出臭汗，出完臭汗出细汗。"根据我的站桩体会，情况确实如此。

我练习站桩的头几年，尤其是在天气比较炎热的时候，站到 2 小时以上，就会汗流浃背。浑身衣服湿透了不说，连脚底都是汗液，地上能积一小摊汗液，整个人就像刚从水里捞出来的一样。此时，我确实出的是大汗。

再后来我就不出那么多汗了，但是出的汗有一股臭味，尤其是脚底的汗非常黏、非常臭。老师跟我讲，这是身体在排毒。过了这两个阶段之后，就算是在夏天站桩，我的出汗量也非常少，就是细细的一层汗。

所以，大家要正确看待站桩出汗这件事，不要因听说"出汗多了身体会虚"而不敢多站，也不要因听说"出汗能排毒"就刻意每次都站得满头大汗。大家可按照自己的进度去站桩，对此不必太过在意。

出汗时要注意的事情

◎ 避开冷风

站桩的时候以及站桩之后，毛孔都张开了，此时应切忌被风吹。古人常说："避风如避箭。"最好事先准备一条干毛巾，站完桩之后及时把汗擦干。有条件的可以洗个热水澡，然后换身衣服，千万不要着凉。

◎ 及时补水

出汗之后要及时补水。可以喝运动型饮料（一定不要喝冰镇的），或者喝一些温水（水里面最好放一点糖和盐），这样有利于补充电解质。

● 站桩时晃动怎么办

有些人在站桩时会觉得自己不停地晃动。这是身体上下、前后、左右的经筋发育不平衡造成的。通常来说，常用右手的人，右半身经筋发育得比左半身强一些。

身体通过晃动进行自我调节，以寻找平衡点。找到平衡点以后，筋骨、经络会均衡地发展。这里所说的晃，有的是身体没动，习练者感觉自己在晃；有的是身体真的在晃，而且晃动幅度还挺大的。

如果你感觉身体晃动的幅度很大，已经影响到站桩了，就要有意识地去调节一下，让身体晃动的幅度尽量小一些。

● 酸、麻、胀、痛——说说你身体上的那些感受

我们在站桩的时候，身体还会产生一些其他的感受。

酸——能忍则忍

站桩时，肌肉很容易产生酸的感觉，这说明这部分肌肉得到

了锻炼，如果能忍受的话，尽量忍一忍。

麻——微微活动一下

站桩时，膝关节、脚底板或者肩部、肘部会产生麻的感觉。这时，我们就要注意了，这是血液不流通的表现。然而，大家要明白，这不是站桩造成的，而是日常生活中某些不良习惯使身体局部的血液循环淤塞了，但还没有形成明显的病变，所以我们平时感觉不出来。比如，久坐办公室的人，站桩时肩颈和脚底板就比较容易发麻。

发现问题之后，我们就可以有针对性地予以解决。我们可以有意识地用小幅度的动作来活动一下发麻的部位，比如抖动，若效果不明显，还可以用关节画画圈，甚至做乌龙摆尾那种大动作来彻底活动一下身体。血液流通顺畅了，身体发麻的状况自然会有所缓解。

此外，一般人在长时间站桩之后，脚底板都会出现发麻的状况。这个时候应该好好做一做收功动作，活动一下脚踝，并且在收功之后适当散步，尽快缓解脚底板发麻的状况。

胀——会自行消退的感觉

当我们站桩状态比较好的时候，身体会有胀的感觉。比如说，我们会感觉手掌明显发胀，好像自己的手指变粗了，进而会感觉自己的胳膊或腿特别粗壮，甚至有时闭上眼睛的时候，会感觉自己整个身形变得很高大。

这其实是因为我们站桩的时候气血流通加速，体内闭塞的毛细血管都通畅了。这也属于正常现象。等身体适应了这种气血通畅的状态，这种感觉自然就会消退。

痛——活动活动吧

再谈谈站桩时身体可能会出现的痛感。以我本人的经历为例。我小时候膝关节着凉得了关节炎，所以初学站桩的时候，尤其是刚开始站三体式的时候，膝关节疼痛难忍，根本坚持不下来。改站松静桩之后，锻炼强度没那么大了，膝关节也就没那么痛了，但是仍有痛感。后来，随着桩功日益精进，膝关节疼痛的症状彻底消失了，膝关节炎也得到了很大缓解，现在也没什么症状了。

当然，如果站桩时身体确有疼痛的感觉，可以先活动一下疼痛部位，待疼痛得到缓解后再接着站。桩功是在气血通畅、心情舒畅的前提下养出来的，不是忍痛忍出来的。

10

站桩的
外在条件

此前章节讲述的是站桩在身姿和神意上的要领。除此之外，练习站桩还需要注意一些外在条件和要求。

● 四大条件——法、地、财、侣

在古代，修行的条件被归纳为四大类，即法、地、财、侣。这对我们习练站桩颇有启示。

法 ——找到明师和正确的方法
◎ 法就是明师和正确的方法

第一大条件就是法，即找到明师和正确的方法。之所以说"明师"而不是"名师"，是因为有的人虽出名，但可能名不副实，所以找位明师（明白的老师）十分重要。只有明师才能传授给你正确的方法。

作家马尔科姆·格拉德威尔（Malcolm Gladwell）在《异类：不一样的成功启示录》（*Outliers: The Story of Success*）一书中提出了"一万小时定律"，他指出，"人们眼中的天才之所以卓越非凡，并非天资超人一等，而是付出了持续不断的努力。一万小时的锤炼是任何人从平凡变成世界级大师的必要条件。"但要注意，这一万小时是建立在应用正确方法的基础之上的，否则无异于南辕北辙，越努力，离成功越远。

现代社会信息泛滥，要从中选出明师和良法还是颇有难度的。我也是经过多年的探索和反复的实践印证，才坚定地选择了松静桩。

◎ 如何选择适合自己的法

我的经验是，先搞清楚自己的练功目的是什么。是养生、技击，还是体会其中理趣？别没想清楚方向就出发了。你应该先搞清楚要奔赴哪一座山，这样才能选定走哪一条路。然后，根据自己的需要，寻找一个理论上容易理解、方法上容易掌握、强度上适合自身情况的功法。

再之后，就是投入 1~3 个月的时间去实践一下。如果练习所选择的功法确实产生了比较好的效果，那么就应该坚持。等有了一定基础之后，就可以去寻师访友，印证所得，解决困惑。

◎ 千万不要这山望着那山高

要提醒大家注意的是，在入门阶段，千万不要这山望着那山高。所谓望山跑死马，如果大家把时间和精力花费在不断寻找新功法、新老师上，不断地去拜访各路明师，搜罗各种奇功异法，多年以后，蓦然回首，会发现自己还在原地踏步。金庸老先生的小说《天龙八部》里有一位薛神医，他医术高超，妙手回春，人称"阎王敌"。他通过替人治病与人交换武功，东学一招，西学一招，一生拜师无数，到最后却武功平平，所以大家切莫像他一样。

◎ 建议大家把松静桩作为首选功法

我建议大家首选松静桩，是因为它特别适合初学者。当然，我并不是建议所有人都站松静桩。我的同门中也有与松静桩法不契合转而站浑圆桩或三体式而入内家拳之门的。

这里要解释一下，松静桩要求少，禁忌少，比较适合用来入门，但松静桩本身并不是一种简单的初级功法！请大家千万不要把它当作一种低级的入门功法，甚至当作简化的"快餐桩"！

过去老前辈讲，内家拳"起于无极，归于无极"。松静桩（门内称作无极桩）是贯穿内家拳整个训练体系的一条主线。内家拳中的各种桩法、拳架，其实都是松静桩的变体。即使你不练拳，只是单纯养生，松静桩也是能伴随你一生的好功法。松静桩的外形和内在要求虽然看似简单，但身松则骨开筋舒、血脉畅通，心静则凝神涤虑、精气内敛。

以此为总纲，文火温养、纯任自然，以一种温润和缓的方式洗练形神，持之以恒，必出功夫，而养生之效也会不期而至。这种锻炼方式不会给身心带来太大负担，尤其不会给心脑血管增加太大压力，对老年人、先天体弱者、后天劳损者，乃至慢性病患者等特别友好。

地——练功的环境也很重要

第二大条件就是"地"，可以简单地理解为练功的环境。

道家讲究"洞天福地"，正所谓"三十六洞天，七十二福地"；佛教也讲究修行环境，故有人称"天下名山僧占多"。可见，修行环境对修行者来说是极其重要的。站桩虽然对外在环境要求没那么高，但是考虑到养生效果和练功效率，还是有一些基本要求的，后文将具体讲到。

财——练功还得有点儿经济基础

第三大条件是"财"，也就是说必须有一定的物质基础。如果你每天为了生活摸爬滚打、疲于奔命，那么你肯定是没有闲暇和心情去练功的。

老辈人常说"穷文富武"。在旧社会，穷人希望通过寒窗苦读来改变自己的命运，哪有时间、金钱去习练武功？富人则既有钱也有闲去练功。如今，人们的物质生活水平得到了极大的提高，大部分人能够抽出时间站站桩、养养生。

鲁迅先生说，时间就像海绵里的水，只要你愿意挤，总还是有的。只要大家把刷短视频、看肥皂剧的时间挤一挤，就不愁拿不出半个小时站桩。而且通过站桩，大家身体好了，生病少了，请假也少了，每天花上几十分钟就能兼顾健康与工作，难道不值得吗？

侣——独学而无友，则孤陋而寡闻

第四大条件是"侣"，顾名思义，就是伴侣的意思。什么叫伴侣？就是你的同门、你的师兄弟。

我的老师总跟我说："要想进步，自己闷头傻练可不行。至少得找 3 个师兄弟：一个水平比你略高一筹，能解答你的疑问，还能给你展示下一阶段要练的功夫；一个水平跟你一样，可以和你一起探讨现阶段常见的问题；还有一个水平稍逊于你，你通过带他练功，给他答疑解惑，可以检视自己所学有没有疏漏、基本功是否夯实。这样教学相长，功夫才长得快。"

就我个人体会，初学阶段跟师兄弟们一起练功，至少可以避免自己偷懒。以站桩为例，虽然我们自己在家里也可以练，但是没有老师指导，没有同门间的相互督促，我们很容易滋生怠惰情绪，三天打鱼，两天晒网，长此以往，就像烧水一样，今天烧一会儿没开，明天又烧一会儿，总是没有达到沸点就熄火，那么这壶水永远也烧不开。奥地利诗人格奥尔格·特拉克尔（Georg Trakl）曾说："同行的人，比要去的地方更重要。"所以，我们不要总想着"闭关修炼"，要尽量与同门一起站桩，多多交流，以人为鉴，取长补短，这样更有利于自己的成长。

● 练功环境也需要加以注意

地面不要太硬、太不平整

站桩的时候，应尽量避开特别硬、特别软或者比较滑的地面。太硬的地面不能提供缓冲，站桩时间长了脚踝会很难受；太软的地面支撑力不够，对脚踝也不利；比较滑的地面不易站稳且容易滑倒。此外，站桩时要选择平整的地面，有坡度的地面不易站稳，有的甚至会导致骨节间架不平衡。

在家里站桩的时候，我是在地板上站。在公园里站桩的时候，我一般会挑选树荫下平整干燥的土地来站桩。

有的人会说，家里是石材地面，又硬又滑，该怎么办？我建议买块地垫、跳绳垫或者瑜伽垫，毕竟站桩不需要太大的空间。

穿着舒适、宽松的鞋子

站桩时，应尽量穿着比较舒适且宽松的运动鞋、布鞋或者拖鞋。我就很喜欢穿拖鞋站桩。有人说，站桩得穿有鞋帮的运动鞋才行，这样能保护脚踝。我个人认为未必如此，老前辈们没有运动鞋可穿，难道就不站桩了?!

尽量找个空气清新的地方

站桩对空气质量有一定的要求，最好找个空气清新的地方，比如环境清幽的公园。如有沙尘暴或者雾霾，就不建议在室外站桩了。站桩时人的呼吸会变得深长，空气中的杂质很容易借机潜入呼吸系统。以前我跟一位前辈学习太极拳，他说他小时候跟一位杨式太极师父学拳，一到刮风沙的天气，他的师娘就会跑出来告诫他们不要在外边练了，可见老前辈们在这方面是很注意的。

如果遇到污染严重的天气，我建议大家使用空气净化器，在室内站桩。

温度要适宜

站桩一定要在适宜的温度下进行。

站桩时应避寒。尽量不要在空调房里站桩，尤其注意不要在空调的出风口前站桩。站桩的时候，毛孔会张开，所谓"冷风好似透骨钉"，空调吹出的冷气会侵入人体，时间长了，轻则感冒，重则落下病根。

我曾经在某短视频网站上看到一条练功视频。寒风呼啸，尘土飞扬，楼顶平台上晾着的衣服几欲飞起，而视频里的主人公竟然光着膀子站在楼顶平台上练功。我感叹此人勇气可嘉，但这条视频在养生方面缺乏良性的启示，大家千万不要学。年轻的时候觉得很酷，年老时疾病就开始显现出来了。前文我们也提到了"避风如避箭"，这里就不再赘述了。

此外，我对"冬练三九，夏练三伏"这句老话有不同的看法。

气温太高时在户外站桩容易中暑甚至得热射病，这一点一定要注意。冷天一定要注意保暖，尽量在温暖的室内站桩。冬天在室外站桩很容易受寒着凉，养生不成再把自己弄感冒了，何苦来哉？

有的人会问，夏季在室内站桩闷热难当怎么办？这里提供一些方法：一是把空调打开，等室内凉爽下来后关掉空调再开始站桩；二是把隔壁房间的空调打开，但温度不要开得太低，给站桩的房间间接降降温；三是调整站桩时间，利用清晨比较凉爽的时段站桩。

还有一些小细节要提醒大家。

• 下桩后不要马上吹空调、吹风扇，那时毛孔还没闭合呢！

• 有的人喜欢站完桩后冲个澡，洗去一身的大汗，这里注意，千万不能用冷水洗，否则极容易着凉。

• 若衣服被汗湿透，一定要抓紧时间换下来，别糊在身上。不方便马上换衣服的，也要备条干毛巾，尽快把汗擦干。

我个人建议，下桩后溜达一会儿，既能活动一下筋骨，又能给毛孔以闭合的时间。

遇到极端天气还站不站桩

如遇雷电、大风、暴雨等极端天气，建议大家尽量不要练功。这种天气下，人不容易静下心来。即便站桩入静了，突然咔嚓一声雷响，或者大风吹得门窗咣咣作响，人很容易受到惊吓。当然，如果门窗隔音效果好，即便是雷雨天气影响也不大。

站桩面朝哪个方向比较好呢

有的人会问，站桩有没有朝向要求，面朝哪个方向比较好？关于这个问题，我听说过不同的回答，比如有的人要求"早不朝东，晚不面西，午不朝南，永不向北"。

我习练站桩这么多年，我的老师们都没有提出过这方面的要求。我站桩时习惯面朝南，几乎不会朝东。因为早上站桩时，如果面朝东方，阳光会比较刺眼，还容易晒黑（我的一位师兄就喜欢早上站桩时面朝东，结果脸都被晒黑了）。

我很少面朝西或面朝北站桩，当然也有例外。比如，年初我去海南游玩时，住在文昌一带，酒店阳台朝向大海，我面朝大海站桩，方向是朝北的。总之，大家不要拘泥于方向，只要觉得站着舒服就好。

又见蚊子来袭

站桩人士的苦恼之一，就是每到夏日蚊子就蜂拥而至，在站桩人的身上留下一个个或大或小的"红包"。我跟李江华先生学习站桩之初，中国人民大学"红楼"旁小树林里的蚊子被我们几个站桩的人给喂得"膘肥体壮"的。

为避免蚊虫侵扰，建议夏、秋两季在室内站桩。在室外（如公园）站桩时，建议给裸露在外的皮肤喷洒上驱蚊水。

什么时候站桩最好呢

我们再讲一下站桩的时间段问题。

◎ 每天什么时候站桩最好

我一般是每天晨起后练 1 小时，经过一夜的休息，这时候身体状态是最好的，站桩的感觉最好，白天人也会很有精神。

还有就是晚上下班回到家之后。经历了一天繁忙的工作，人的精力已经消耗得差不多了，这时候站桩有利于补充精力、恢复体能，且有助于睡眠。

◎ 饭前和饭后能不能站桩

我的体会是饭前可以站桩，但是最好别长时间空腹站桩。比如，每天早上起来不吃饭就站桩，且站的时间很长，那么空腹时间就太长了，对胃不太好，还可能出现低血糖症状。建议利用早晨时段站桩的朋友稍微吃点早餐垫一下。

有的老师说饭后半小时内不宜练功。我个人的体会是，如果吃完饭后特别想练功的话，也不是不可以，但是，最好不要刚放下筷子就急匆匆地练功，等十几分钟后再站也不迟。有的时候如果吃得太饱，站站桩还可以助消化。

◎ 酒后能否站桩

我劝大家酒后就不要站桩了，即使你能像武松那样"连干十八碗"后打死猛虎，我也强烈建议酒后不要站桩，因为酒后气血比较紊乱。有的人喝得太多了连站都站不稳，神志不清，这时候勉强站桩肯定是不好的，等第二天醒酒了再站也不迟。我个人的体会是，如果头天晚上因应酬而饮酒过多，第二天早上可能有头痛的感觉，这时站站桩，发发汗，头痛会得到相当程度的缓解，酒醒得会更快一些。

最后，还是劝大家少喝点酒，毕竟喝酒伤肝，酒后驾驶更是要不得，须知"司机一滴酒，亲人两行泪"。

● 站桩需要注意饮食吗

以清淡饮食为主，注意营养均衡

我们建议大家以清淡饮食为主，少吃刺激性的食物，这方面可以借鉴修行者对饮食的要求。修行者在饮食方面是比较讲究的，要求慎食"天上飞的雁鸽鸠，地上跑的犬马牛，土里长的葱蒜韭，水中游的鱼鳖鳅"，因为吃这些食物容易让人上火。

当然，对一些体质寒凉的人来说，适当地吃一些牛羊肉是可以的。对那些吃素的人来说，建议适度摄入一些植物蛋白。站桩的滋养作用，在于把人体从食物中摄取的营养物质传送到全身，从而实现强身健体的目的。如果摄取的营养物质不够，桩功也"难为无米之炊"。

少吃冷饮

有的人在站桩一段时间后会发现，以前吃冷食、喝冷饮都不觉得身体不适，站桩后不太能吃冷的食物了，怀疑自己练完功后体质反倒变差了，甚至还为此心生懊恼。

其实，这是好现象，这是因为胃对外来的寒凉湿邪反应敏感了，主动提醒你不吃或少吃寒凉的食物。俗话说，"喝冷酒，睡凉炕，早晚是个病"，就是这个道理。所以，不管我们是否习练站桩，从养生的角度来说，都应当尽量少吃或不吃冷饮。

● 养成良好的作息习惯

尽量早睡早起

站桩期间，建议大家保持良好的作息习惯，尽量早睡早起。对一些工作比较繁忙、习惯熬夜的人来说，我的建议是睡觉时间最晚也不要超过晚上 11 点。如果这时工作还没有完成，可以定个闹表，第二天早点起来，千万不要熬夜超过晚上 12 点！

有的人动辄忙到半夜一两点钟，甚至"不知东方之既白"。这样极度透支精气神，第二天整个人的状态都不容易恢复，以致早上起不来床，更别提早起站桩了。而且，站桩不能代替睡眠，熬夜亏损的精气神靠一两次站桩也补不回来，千万不要把站桩当作咖啡、玛卡和参茶！

最后，提醒大家，站桩有些功底之后，切忌放纵！

有些人本来身体不好的时候，还小心翼翼地保养身体。通过站桩恢复健康之后，不想着巩固成果，反而觉得自己终于可以放纵一把，把以前的遗憾补回来了！于是，熬夜、喝大酒、吃生冷油腻的食物，甚至纵情声色……结果过不了多久，身体就要跟他算总账了。此类事件，不胜枚举，令人唏嘘。

希望大家谨记：以出世之人的心态，过好入世之人的生活！

11

习练站桩的
必经阶段

前述章节给大家讲了习练站桩对身体、外在条件等方面的要求，肯定有人会问：习练站桩要经过哪些阶段呢？在这些阶段中，又有哪些注意事项呢？

我们做一个形象点儿的比喻，就像大家去户外远足之前，负责任的领队不仅会告诉大家对着装、设备、保障的要求（如冲锋衣、帐篷、登山杖、指南针、充足的食物和水等），更会交代远足的目的地、路线、途中会看到的风景、可能遇到的危险，以及其他注意事项。站桩也是一样，接下来，我给大家详细介绍一下习练站桩的必经阶段。

● 初步接触站桩后的"怀疑期"

通常在刚接触站桩功法的时候，大家会遭遇一个疑窦丛生的怀疑期。

产生疑惑的原因
其一，是功法泛滥。

如今，网络非常发达，大家可以轻易地从网上找到各种站桩教程（有免费的，有收费的，不一而足），但这些教程往往泥沙俱下。某些人因接触到了并不合适自己的功法，继而对其他桩功功法也产生了怀疑。

其二，就是 20 世纪八九十年代"气功热"惹的祸。

在气功盛行的时候，站桩是被当作气功的一部分来进行传授的，后来，"气功热"退潮，作为"后遗症"，很多人容易把站桩和一些不良气功功法联系起来，进而先入为主地产生厌恶和怀疑的心理。

曾经，一位师兄就抱怨过，有一次他在公园里站桩，却被误认为是练伪气功的，因而他内心愤懑不已。气功中有不少很好的强身健体的功法，大家一定要区别对待。

其三，有一些人急于求成，刚开始接触功法就恨不得立见成效。

任何一门学问的掌握都需要一个过程，更需要时间上的积累，不会立马见效。而有些人容易心急，急于出功夫。

其四，有的人在练功的过程中产生了很多困惑，尤其是练功时身体出现的不适症状没能及时得到反馈和解答，结果就不敢继续站桩了，故此与站桩无缘了。例如，一些形意拳习练者在刚开始站三体式的时候，因膝关节疼痛、浑身难受就不敢再站了。

其五，一些人觉得站桩没有科学理论做支撑。

有些人可能是理工科背景，或者是九型人格里的"脑区"人格。他们坚信"科学至上"，任何东西都要找到科学理论做支撑，否则不会轻信。现在，绝大多数站桩理论都是从中医的角度去解释的，只有少数会从生理学、物理学和运动解剖学的角度去解释。

这里要说明一下，站桩其实可以用现代科学理论去解释，但是站桩本身起源于传统武术中的内家拳，所以理论基础还是偏传统文化和中医。用传统哲学和中医理论来解读站桩功法会更精准。用现代科学理论来解读，只能帮助你理解，但在细节和深度上，可能达不到最佳效果。这有点像外国人学中国的古诗，要是把古诗翻译成现代文，外国人可能会更好理解，但是他可能就难以领会古诗的意境和韵味了。

而且，我认为，理论往往是用来阐释结果的，但我们的目的在于实现这个结果。"身在含元殿，何须问长安？"所以，我们更应关注的是站桩到底能不能起到养生健身的效果。待到你经过努力，取得了养生健身的效果后，随便你用哪种理论去解释都无所谓了，因为那并不是最重要的。

破除疑惑的办法

针对上述种种疑惑，我们该怎么破除呢？

引用《华严经》中的一句话："信为道元功德母。"

不管你习练何种功法，信都是首要的。在你提前做了相关功课并正式选择一门功法的时候，要对这门功法有基本的信任。如果你对这门功法连最基本的信任都没有，对传授功法的老师连最起码的信任都没有，那还不如不练。带着疑惑去练功，你会踌躇不定、犹疑不决，只能徘徊在门前，不得其门径而入。只有有了"深信"（信任功法），才有"切愿"（愿意习练此种功法），最后才是"笃行"（下功夫习练此种功法）。一言以蔽之，盲目地"信"和盲目地"不信"都不可取。

那么，该如何建立对功法的信任呢？

第一，别听信"键盘侠"的评论。现在网上很多发表观点、跟帖评论的都是"键盘侠"，一些介绍中医、传统武术、桩功等文章的评论区更是如此，一群外行在意气风发地指点内行，很多"键盘侠"甚至还没看完文章就开始胡乱评论了。我们不要盲目跟风，应该有自己的思考，就像评论区里经常有人悠悠地跟上一句："脑子是个好东西。"

第二，亲自验证功法是否靠谱。

怎么去判断功法是否靠谱呢？

首先，要看功法的传承谱系是否清晰。比如，我向大家推荐的松静桩源自形意拳宗师李洛能门下"八大弟子"中的宋氏一脉，其功法体系是从宋世荣、宋虎臣、李旭洲先生一脉相承传下来的，体系完整、脉络清晰。

其次，看功法本身是否合乎自然规律、合乎逻辑。

什么叫合乎自然规律？仍以松静桩为例，作为入门功法，它的根本原则就是讲求顺其自然，就是不违背自然规律。比如，松静桩不会让人努气、用力、憋气，或是摆一些身体根本承受不了的或者很难做到的高难度姿势，等等。这就非常适合初学者。

什么叫合乎逻辑呢？就是它和后续的功法，比如八大桩法、三立桩、五行拳、十二形……是由一条逻辑主线贯穿的，没有悖逆冲突之处。就好比你学完了数字1234，后面接的是数字567，而不是音阶嗦、啦、西。

再次，要看先行者的反馈是否客观、有效。

在开始练习某种功法前，我们不妨先跟师兄、师姐请教一下，听听他们的心得、体会，看看他们是否言之有物，同时注意其评价是否平实、客观。如果他们给你介绍这种功法的时候故作高深，甚至宣扬一些玄学、迷信的东西，你就要提高警惕了。桩功源于内家拳，拳术是非常实在的东西。把这样一种实在的东西讲得玄而又玄的，很可能连讲述者自己都不知道是怎么回事。这种话术，可谓"以其昏昏，使人昭昭"，其实只是为了掩盖他的无知罢了。

最后，也是最重要的，是要自己亲自去尝试。

我有一个习练咏春拳的朋友（梁挺的弟子），他特别敢于尝试，这一点我尤为欣赏。比如，看到某位武术习练者练得很好，他就要去跟对方试试手，真实地去感受对方功夫的高低深浅，而不是仅仅听对方怎么说。

我们站桩也是一样，这种功法到底好不好，不试试怎么知道呢？想知道这个苹果是不是甜的，你总要亲口尝尝才会知道，正所谓实践出真知。正如一位老前辈所说："不怕你不信，就怕你不练！"

另外，每过一段时间就要进行效果检验。

站桩的效果大致可分身、心两方面。

◎ 身体上的效果

比如我们站的松静桩，在坚持一段时间以后，筋骨上肯定会有变化。当你跟别人磕胳膊的时候，你自己没什么感觉，对方会感觉你的胳膊很硬，磕得他胳膊生疼，就像老前辈说的，胳膊如同"绵里裹铁"。

还有就是我感觉自己的弹跳能力比以前好了。习练站桩前，我的身体素质很差，跳不高、跳不远，而这些在站桩后都有了一定的改善。

我有一位师兄，他做事经常一板一眼的，为了监测自己站桩期间骨密度的变化情况，他还定期去医院进行检测。经过一段时间的检测，他发现自己的骨密度果真增加了，因此练功信心倍增。我们姑且不论他这种方式是否客观，但我们即使不进行检测，仅凭自我感觉，也能明显感受到站桩的效果。

◎ 精神状态上的效果

有的朋友以前比较容易疲倦，习练站桩一段时间之后，睡眠变好了，人更有精神了，容光焕发，精气神十足，看待外界事物也更加积极，这都是精神层面的效果。

● 站桩初见成效后的"拉扯期"

一般人在站桩初步取得成效后，会选择继续练下去，但是在这个过程中，依旧将信将疑，而且遇到某些事情就会中断练习，所以在这个阶段，练功往往是断断续续的。

你是"上士""中士"还是"下士"

《道德经》有云："上士闻道，勤而行之；中士闻道，若存若亡；下士闻道，大笑之。不笑不足以为道。"为什么老前辈常说"修道者多如牛毛，得道者凤毛麟角"？那是因为很多人都是"下士"，遇到自己不了解或者没接触过的功法，往往疑窦丛生，甚至"大笑之"。

愿意尝试并能够坚持站桩的人，大部分是"中士"：要说他不信吧，他还在练；要说他是"上士"吧，他又三天打鱼，两天晒网，而且理由还很"充分"——今晚要加班做方案、这两天要出差、今天得陪陪家人、晚上要应酬……说到这儿，可能有的人会问，站桩的功效是我想要的，生活中的繁杂事务也是客观存在的，我们该怎么平衡好两者之间的关系，进而把站桩练好呢？

不必强求，细水长流

我的建议是，不必强求，细水长流，聚沙成塔，集腋成裘。

比如，如果你估计自己今天上班会很忙，那就早起一刻钟或半小时，站一会儿再走。

等车的时候，在车站不妨把身形调成桩态，站一会儿。

在地铁上，找个角落，站一会儿。

在工位上，坐正身形，调好脊柱和骨盆，闭目养神，练一会儿。

工作间隙，在公司的楼梯间，站一会儿。

晚上入睡之前，在床前站一会儿，或者上床躺好之后，把自己调成桩态，练一会儿。

总之，每天想方设法练一练，没时间就少练一会儿，有时间就多站一会儿，关键是要逐渐养成站桩的习惯，最终把站桩融入生活，让站桩就像吃饭、睡觉、如厕一样成为你生活的一部分，甚至你的行走坐卧都可以在桩态之中进行。

具体操作方法，我们会在第 14 章详细介绍。

● 站桩步入正轨后的"爬坡期"

经过前两个阶段的练习，有一些习练者比较深刻地体会到了站桩的健身养生功效，决心坚持下去。这时候，是真正的"入门"阶段，真正的考验也随之到来。这个阶段的站桩要完成易骨易筋的训练内容。熬过了这一关，才能生成真正的内功，才能比较长期稳定地享受站桩带来的"红利"，过去前辈称之为"脱胎换骨"。

身体将面临的考验

◎ 肌肉的深度放松

刚开始习练站桩的时候，我们只要求肌肉不用力、不紧张，以减少我们的精力消耗。

到了正规练习阶段，我们要求肌肉深度放松，而且是身体各个部位想松哪里松哪里。比如，从上往下，额头松（别皱眉），眼部松，面部肌肉松，肩颈肌肉松，腰背松，丹田和腹部松，胯松，大腿、小腿、脚踝松，一直松到脚底，从头到脚把身体放松一遍。如是反复，慢慢你会体会到，松和紧一样，是可以通过练习而不断加强的一种能力。正如《道德经》所云："为学日益，为道日损，损之又损，以至于无为。"

◎ 在"松、紧、僵、懈"中调整自身骨架结构

松到一定程度的时候，原有的骨架结构就会"解体"。这个时候，如果没有后续的功法做支撑，身体就会松过头，整个身体就"堆"在那里，如同一个没有骨架的布偶或者一只瘪布袋，这就叫"懈"。

这个时候，我们就需要"重组"骨架结构，构建新的骨架结构。在新的骨架结构中，骨节彼此支撑，可以最大限度地保持肌肉的放松。意拳创始人王芗斋老先生对此做过一个比喻，即人在站桩的时候就像"玉树挂宝衣"。"玉树"是指人体的骨架，"宝衣"是指人体的肌肉、器官以及皮肤，这些都悬挂在骨架上。

所以，内家拳所说的松不是绝对的松，达到绝对的松时人就懈掉了，整个人就会瘫在那里，起不到养生和锻炼的效果。有些朋友问过我，既然内家拳讲究放松，那睡觉和泡澡的时候最放松了，能不能代替站桩，我说不能，就是这个原因。

在站桩时，新的桩架结构成形后，肌肉是高度放松的，但是筋膜、经筋会保持适度张力。比如，你站在那里的时候，大腿正面和外侧的肌肉链摸起来是略微绷紧的，但是你并没有特意收缩这个部位的肌肉。李旭洲先生把这个状态概括为"肉要松，骨要撑，筋要绷"。这时候，我们的桩架保持着一种整体的、适度的张力，类似于一张拉了大半满的弓，感觉肌肉似乎有点紧，但又不是肌肉用力的那种紧。一旦肌肉真的紧张了，那就叫作"僵"了。

"松、紧、僵、懈"这四个字的分寸，初学者不好把握，一般不是懈了，就是僵了。所以，这个阶段最好有老师或师兄弟守在旁边给你调桩，随时提醒你。没有这个条件的朋友，不妨对着镜子站，自己慢慢调节。我老师给我的建议是，实在没有把握的时候，只管把头领起来，其他的地方都放松，宁可有点懈，也不要僵。懈一点，老师将来还能给调回来；僵了，就不好调了。

总的来说，在站桩的时候要把握好"松、紧、僵、懈"的分寸。

◎ 熬过"筋骨关"

《水浒传》在介绍梁山好汉晁盖时说他"终日只是打熬筋骨"。在站桩的进阶阶段，我们首先碰到的就是"筋骨关"。

什么叫"筋骨关"？很多人在站桩初期会出现肌肉酸痛、筋骨抻拔、身体发抖、两股战战、前后乱晃等现象，这是由骨节间的韧带、筋膜以及周身的经筋疲弱造成的。这跟肌肉是否强健关系不大，很多精壮的男性在站桩的时候同样感觉骨缝筋节处酸痛难熬。所以，我们把这个阶段称为"筋骨关"。

过"筋骨关"的唯一途径，就是靠气血把筋骨养粗壮了。就好比一棵树，当它还是幼苗的时候，风一吹它就摇摇晃晃的，那怎么才能让它不摇晃呢？只有长成一棵干粗根深的大树，才能"任尔东西南北风"。这是内家拳出功夫的必经之路，别无他途。但是，在具体操作方法上，前辈们倒是各有高招。

干粗根深的大树

●"熬桩"与微小运动

有的老师在教授功法时告诉学生，过"筋骨关"要忍耐和硬熬，就是"熬桩"。这种"熬桩"肯定是比较痛苦的，而且容易引起肌肉紧张。那么，有更好的办法吗？

我的老师传授给我的秘诀叫"微小运动"。王芗斋老先生就曾经讲过，"大动不如小动，小动不如不动，不动之动乃生生不已之动"，但一般习练者容易误解这句话，以为站桩最好一动不动，我的老师将之阐释为"大动不如小动，小动不如蠕动"，是为微小运动。

具体来讲，在站桩的时候，如果你觉得某个部位不舒服，那就把该部位微微地活动一下，让这个部位得到舒缓。这种活动幅度很小，外形上很难看出来，所以称之为"蠕动"，也就是微小运动。

- 适当运用意念的力量

此外，就像我在前文提到的，可以配合一些意念和冥想。比如，想象自己站在花洒下，温水从头上淋下，缓缓流经你的每寸肌肤；或者想象自己站在海边，微风轻轻拂来，吹动你身上的每根汗毛，浑身舒畅无比。只想象几次就好，不用一直想，因为一直想比较费神。

- 纯任自然

还有一种不是办法的办法，就是在站桩时随着身体的抖动自然加以调节。这个阶段的身体抖动频率很高，这是筋骨自发调节的一种表现，你无须刻意控制它，随它去抖，抖一会儿不抖了就继续站，如此往复。熬过这个阶段，你就会惊喜地发现，筋骨在不知不觉中强壮了起来。

- 觉知并克服身体的各种触动与反应

在身体放松的过程中，我们还要觉知和克服身体的各种触动与反应。我们在前文提到了身体酸麻胀痛等各种反应，大家可仔细阅读前面的章节，找出身体反应的原因并采取相应的处理措施。

心静的次第深入——找到正念的影子

尽管身体结构在不断地调整，但我们要继续保持心静。在"爬坡期"我们会发现，心静其实也是分阶段的。

◎ 能够体察自己站桩时思绪繁杂

我们刚开始练习站桩的时候，思绪繁杂，头脑里有成千上万个念头，如波涛汹涌、川流不息。虽然我们也知道，站桩要求身松心静，但是站不了一会儿，我们的头脑就会被这些乱七八糟的念头裹挟着陷入昏沉蒙昧中去了，直到该下桩了才想起来应该保持身松心静。可到下次站桩的时候，依然如此。

到了站桩的深入阶段，我们的思绪依然繁杂，但是与刚学站桩时相比，有哪里不同了呢？

那就是你能意识到、体察到自己思绪繁杂这种情况了。举个例子，你是位交警，以前你一上街执勤就赶上狂欢节大游行，然后你很快就被游行的人群给卷走了，并且跟着大家一起嘻嘻哈哈、玩玩闹闹，完全忘了自己是干啥的了。等曲终人散的时候才想起来："咦，我是个交警啊，咋跟他们一起疯玩起来了呢？"

而现在呢，你能清楚意识到自己不是普通民众，不能跟着他们一块玩儿去。你的岗位在此，你的职责是维护交通秩序。虽然大街上还是乱哄哄、闹腾腾的，但是，你已经清醒了。

能保持清醒并发现街面上的混乱，才能指挥进而恢复交通秩序。

有人可能会问，为啥站桩非要入静？

据说，我们的大脑跟计算机的中央处理器一样，是人体中最耗能的器官。成年人的大脑重量平均为 1.4 千克，约占体重的 2%，但是它消耗的能量是身体全部能量的 20%，尤其是耗氧量占到人体总需求的 25%。所以，为了达到最佳的养生健身效果，我们必须把大脑里那些没用的"程序"尽可能关掉。

其实不光是对习练站桩的人而言，对每个对自身有所要求的人来说，处理自己杂乱的意识都是必修的功课之一。

那我们该如何"驯服"自己繁杂的思绪与念头呢？

就像我在前文提过的，我们要*反观自身，以一念代万念*。

什么叫反观自身？就是把注意力放在自己身体上。

以前大家可能对这句话体会不深，觉得身体有啥可关注的，但是进入"爬坡期"，我们会发现，身体上要关注的事多着呢！

各个部位的肌肉放松了没？

肌肉松下来之后，骨节松开了没？

骨节松开了之后，新的关节结构是怎样的，骨榫对好了没？

如果骨榫没有合槽归位，是哪个部位的肌肉还没松下来，牵引着哪块骨骼不能沉降到位？

怎么样，你还有心思想别的吗？

在这个过程中，每当意识或觉知到自己的思绪跑开时，我们就要把意识重新放到自己的身体上，感受自己的身体，让紧张的肌肉松下来，让吊着的骨骼沉下来。*用"调身"这件事占据大脑的主要注意力，从而忘记那些乱七八糟的事情*，比如公司、家庭、个人的各项琐事，*这就叫作"以一念代万念"*。

在此，我给大家推荐几本书，学有余力者可以去读一读，或能有所悟。第一本是大成拳家于鸿坤先生所著的《立禅即意：大成拳学讲习录》。于鸿坤先生是王选杰先生的弟子，而王选杰先生曾受教于月朗禅师，在大成拳门，站桩甚至被升华到了立禅的高度，这本书对站桩习练者会有很多心性上的启发。第二本是越南高僧一行禅师（法国国籍）所著的《正念的奇迹》（*The Miracle of Mindfulness*）。第三本是美国作家阿米希·P. 杰哈（Amishi P.Jha）所著的《刻意专注：分心时代如何找回高效的喜悦》（*Peak Mind: Find Your Focus, Own Your Attention, Invest 12 Minutes a Day*）。这 3 本书对大家清理繁杂的思绪、集中注意力都特别有帮助。

◎　静待清明

"静待清明"中的"清明"不是指清明节，而是指在站桩中达到头脑清明的状态。具体来说，就是随着调桩的深入，身体各个部位慢慢调整到位后，要逐步减少大脑对身体的干预，并且不要赋予它新的任务，由此引导大脑进入"待机"（不是"关机"）状态，进而自然过渡到入静状态。这种感觉就如同阳光照进暗室，灰尘升腾飘浮又缓缓落下；又如同水中的泥沙被搅起后又慢慢落下，浑水变得澄澈。

◎　排除七情烦扰

我们在站桩的过程中还容易受到七情的烦扰。所谓七情，是指喜、怒、忧、思、悲、恐、惊这 7 种情绪状态。情绪比较抽象，难以捉摸，所以更不容易掌控。

当被七情烦扰时，我们该怎么处理呢？

除了前文提到的反观自身、以一念代万念、静待清明外，还需要时间和耐心。

想必很多人都知道大文豪苏东坡与佛印禅师的禅宗公案。有一次，苏东坡感觉自己修行有所悟，就很得意地写了首偈子："稽首天中天，毫光照大千。八风吹不动，端坐紫金莲。""八风"是佛教名词，又叫"世八法"，指尘世间煽惑人心的 8 种境遇——利、衰、毁、誉、称、讥、苦、乐。

苏东坡写完这首偈子后托人过江交给佛印禅师，佛印禅师在偈子下面写了两个字——放屁，然后差人送了回去。结果苏东坡看后怒火骤起，坐船就赶来兴师问罪了。佛印禅师笑了，说苏东坡真是"八风吹不动，一屁过江来"。可见，纵使有苏东坡那样的学识、经历、见识与气度，仍然可能被情绪所左右。所以，炼心确实需要时间和耐心，大家不要急于求成。

◎ "喝"一点"心灵鸡汤"

在繁忙的工作、生活中，我们往往需要一丝心灵的清净与慰藉。沏一盏清茶，读一篇美文或一句箴言，会对我们的心灵起到积极的抚慰作用。

◎ 尽量缩短自己受情绪影响的时间

在综艺节目《锵锵行天下》中的"云中访仙"这集，主持人窦文涛和老道长的谈话充满了智慧："你看一个东西的时候，尤其不能动情。所以，七情六欲要控制在 30 秒之内，不要让自己的情绪大起大落。简单的快乐，就是不要过分地把这个情绪推到一个极致。"

◎ 宁静来临

经历了上述心路历程之后，我们就达到了一个宁静的阶段（"静"也分不同的层次，为避免大家认知混乱，此处就不再详述了）。在这个过程中，我们不是追求宁静，而是等待宁静的到来，就像前文所说的，等待暗室灰尘落下、浑水泥沙沉淀，这个时候我们内心无比宁静、平和，而对身边的事物却能做到了了分明。

此时，我们的呼吸会逐渐变得细匀深长、若有若无，直至感觉自己忘了呼吸，进入胎息的状态。尽量保持这种胎息的状态，不过即使保持不了也没关系，这种状态可遇而不可求，大家不必执着，"物来顺应，未来不迎，当时不杂，既过不恋"，一切随它去。

有智慧的人下笨功夫才能有所成就

老辈人曾讲，聪明人下笨功夫才能在站桩上有所成就。

这里我把它稍微改一下，有智慧的人下笨功夫才能在站桩上有所成就。为什么这么说呢？因为很多人所谓的聪明都是小聪明，是世智辩聪，不是大智慧。而小聪明往往容易导向短期主义，急功近利。只有有智慧的人才能明了站桩是实实在在的好东西。

"下笨功夫"就是与时间做朋友，长期坚持下去。只有有智慧的人才会坚持长期主义，与时间做朋友。有智慧的人能够认识到站桩的益处，按照老师说的，规规矩矩、踏踏实实地坚持习练，有问题及时向老师请教、与同门沟通，而不是这山望着那山高、浅尝辄止甚至无端诋毁。

所以，我说，有智慧的人下笨功夫才能在站桩上有所成就！

12

站桩之后的
进阶道路

　　根据我个人的经验，初学松静桩的人主要把精力放在尽快掌握功法上，所以他们的疑问多源自站桩本身。但是，站桩一段时间后，尤其是初见成效后，很多桩友自然会思考："难道我这一辈子就站松静桩这一种桩功吗？在松静桩之后该练点什么呢？"

　　好问题！前面 11 章为大家详细介绍了内家拳的入门桩法——松静桩，接下来将告诉大家在松静桩后还有哪些"山"可供攀登，以帮助大家明确今后锻炼的目标和方向。

● 只想养生的桩友可以走纯养生路线

第一个方向是走纯养生路线，而这条路上又有 2 种选择。

深入修习松静桩

很多习练松静桩的人，尤其是老年人或体弱者，身体长期处于亚健康状态，具有强烈的养生、祛病、强身的需求。这类人可以继续习练松静桩，向更松、更静的层次"进军"。我个人建议，在站桩的同时，辅以乌龙摆尾的功法（前文介绍过），动静结合，效果更佳。

我再碎碎念一下，大家切莫轻视松静桩！

松静桩是桩功之母。专修松静桩也能练出很精纯的功夫。

我身边不乏这样的例子。我的一位师兄是个程序员，他长期在电脑前工作，颈椎、腰椎都有问题，且经常失眠。由于工作繁忙，他没有时间系统学习内家拳，所以，他索性就在松静桩这一种功法上下功夫，到后来他练到了这样一种境界：脊柱温热通畅，头脑清明，思维敏捷，看待外界事物也越发通透。

在身体状况允许的情况下，习练者单次站桩轻松达到 2 小时，会深切体认到自己的身心变化，从而明白本书所言非虚。

升级成其他桩法

有的人在习练松静桩一段时间之后，在站桩过程中两臂会自然上浮，感觉就像站在水中时两手搭着浮在水面上的游泳圈一样，即使长时间双臂悬空，也不会感到肩臂酸痛。这证明习练者的筋骨结构已经初步发生了改变，此时可以升级成要求更高的桩法。

但是，市面上各种桩法满天飞，很多桩友患上了选择困难症。这里我根据自己的经验，给大家一些建议，仅供参考。

从内家功夫修行的次第来讲，松静桩之后，应该学习浑圆桩。这不是人为设定的，而是人体结构在桩功的调整下产生的自然结果——双臂自然浮起之后，两手顺势一抱，自然形成浑圆桩的桩形。

现在，很多桩功课程是直接从浑圆桩开始的，要求也各不相同。但是，练习浑圆桩需要有一定的基础，如果直接练习的话，需要在教学中补充一些基础细节。

浑圆桩之后，如果对形意拳感兴趣，可以习练三体式（关于三体式，市面上也有很多种课程）。

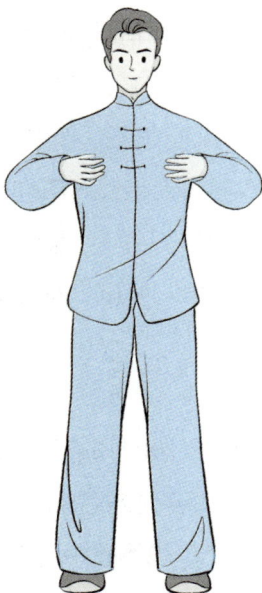

浑圆桩

王芗斋老先生在形意拳传统桩功的基础上，开创了以桩功为主线的意拳训练体系。意拳的桩法形态（如提插桩、扶按桩、提抱桩、抱球桩、降龙桩、伏虎桩、独立守神桩等）比一般传统内家拳要丰富，也更系统、深入，适合喜静不喜动、对桩法情有独钟的人学习。

如果你没有合适的机缘接触其他桩法的正式传承，那么也可以接着练松静桩。松静桩是能练一辈子的桩法，这一点我会不厌其烦地反复强调。

● 以养生为主、防身为辅

第二个方向，就是以养生为主、防身为辅。

这个方向适合青壮年习练者。很多青壮年习练者习练桩功不仅仅是为了养生、祛病、强身，还希望学习一些防身的技术。

还须坚持站桩

想走这个方向的朋友，我的建议是继续坚持站桩，站桩是提高自身综合素质的根本性功法，不能放弃。

王芗斋先生强调："要知拳真髓，首由站桩起。"老前辈们即使上了年纪，也在坚持站桩。甘肃省已故名老中医、真气运行学创始人、形意拳习练者李少波老先生 80 多岁时还能一次站一个多小时的三体式。我认识的老前辈们每天也在坚持站桩。有位习练意拳的前辈（60 多岁了），退休后每天累计站桩时间竟然达到了 10 小时，对此，我已不再只是敬佩，而是感到深深的震撼了。

选择某一拳种深入学习

通过站桩达到养好筋骨气血、夯实桩架的效果之后，为达到技击防身的目的，我们可以接着习练传统武术或者其他搏击技术。优秀的拳种如百花齐放，"乱花渐欲迷人眼"，我们到底要学哪一门哪一派的拳呢？

以下为大家梳理出了 3 种选择。

◎ 习练内家拳

站好松静桩其实就意味着迈过门槛步入内家拳之门了（不要

小瞧这一步，很多人正是由于这一步而被挡在门外，不得门径而入），下一步我们可以视机缘学习内家拳。

内家拳包括但不限于形意拳、太极拳、八卦掌、意拳等，其中，形意拳、太极拳、八卦掌被誉为"内家三拳"，影响最广，声名最盛。

• 刚猛的形意拳

形意拳目前的流派主要有河北派形意（李存义先生所传）、山西宋氏形意（宋世荣先生所传）、尚氏形意（尚云祥先生所传）、孙氏形意（"虎头少保"、民国"武圣"孙禄堂所传）。过去武谚有云"太极十年不出门，形意一年打死人"，又有"太极奸，八卦滑，最毒不过心意把（形意拳的前身）"之说，可见形意拳之刚猛。形意拳在民国时期风头最盛，能人辈出。

我在读研期间向李江华先生学习了形意拳，工作后又向灵山云老师学习了宋氏形意拳。形意拳的功法主要包括：三体式（桩法）；五行拳，即劈、崩、钻、炮、横；十二形，即龙、虎、猴、马、鼍、鸡、燕、鹞、蛇、鲐（读作 tái，也有支脉传承为"鮐"或"骀"）、鹰、熊；综合套路。

从功用角度，形意训练体系可分为练法、打法和演法。练法是为了培养基本功、调整筋骨气血、固定桩架结构、掌握劲力。能练好三体式和五行拳，就基本掌握了形意拳的练法。打法是指形意拳的实战技巧和招式，勤加练习便可以用于实战。演法主要是为了在大众面前进行表演，就是各种表演套路，如五行进退连环拳、四把拳、八式拳、十二洪捶、杂式捶、安身炮等。

形意拳之三体式（左）和龙形（右）

● 广泛流传的太极拳

由于国家层面的推广，太极拳目前家喻户晓，影响最广，深受人们喜爱。太极拳的流派主要有陈式、杨式、武式、吴式、孙式、赵堡太极。大家经常在公园中见到的叔叔、阿姨们练习的太极拳套路，几乎都是以养生为目的的，故此大家常误以为太极拳不能打（其实，这些习练者根本不以技击为目标）。实际上，太极各门派均有门内秘传，其中不乏擅长技击者。

我曾接触过一位太极拳老师，他生长在河北永年（太极之乡），幼时即学习杨式太极拳，之后又学习武式、陈式太极拳。退伍后当保镖，曾赤手空拳独斗数名歹徒。所以说，练太极拳也可以出功夫。我在读书时经李江华先生介绍，曾经接触并习练过一段时间的陈式太极拳，不过工作后由于时间所限，并未坚持，引为憾事。

太极拳

● 潇洒的八卦掌

八卦掌是"内家三拳"中最神秘、流传范围最小的拳种，现传主要是程派（程廷华所传）、尹派（尹福所传）。八卦掌习练难度在"内家三拳"中大概是最高的（这也可能是其在"内家三拳"中流传范围最小的主要原因），但演练起来行如流水、动若游龙、宛如舞蹈，在"内家三拳"中最具观赏性。

我曾一度想学习八卦掌，用于表演，并寻到一位尹派的老师，虽然我俩相处融洽，但这位老师不肯传授我八卦掌，只愿教我形意拳，所以我只得作罢。

八卦掌

• 推陈出新的意拳

王芗斋先生针对民国时期中国武术注重套路与招法、重形轻意的弊端，大胆革新，废弃了套路招式等低效的训练方法，借鉴并吸收了太极拳、形意拳、八卦掌等优秀传统武术的精髓，同时也吸收了拳击等西方格斗技术的优点，去芜存菁、博采众长，创立了新兴拳种——意拳。

意拳的"大本营"主要在北京、天津，尤以北京习练者为多。意拳的训练体系主要包括站桩（养生桩、技击桩）、摸劲、试力、摩擦步、发力、推手、断手，合称"七妙法门"。

◎ 习练其他传统武术

除了内家拳外，其他传统武术也值得大家了解和学习，如通背拳、八极拳、中国跤、咏春拳等。此处要强调一下，中国传统武术种类众多，璀璨如星河，笔者囿于见闻，恕不能一一详述，仅就我接触过的几种拳法进行简单介绍。

• 冷脆快硬的通背拳

通背拳势如猿猴，放长击远，冷脆快硬。在北京，主要流传有白猿通背拳、祁家通背拳，其中牛街白猿通背拳名声在外。据说，古时前辈在习练通背拳时都是用手扣城墙、城砖或开石碑的。十几年前，我有幸结识了一位通背拳名家，这位前辈为我答疑解惑，至今令我印象深刻。

• 刚猛暴烈的八极拳

八极拳属于短打拳法，其风格刚猛、发力暴烈、动作朴实，在技击手法上讲求寸截寸拿、硬打硬开。影片《一代宗师》中就很好地诠释了八极拳的特点。我的一位朋友如今在学习霍氏八极拳（霍殿阁先生所传八极拳）。他读书期间喜好打篮球，身体素质很好，后来因患胆结石切除了胆囊，术后觉得身体素质大不如前。他看我在习练形意拳，故此也想学习传统武术，后来因缘际会接触到了八极拳。他虽在银行上班，业务繁重，但每天都累计习练 3 小时以上，现在身体素质大大提高，与术后相比可谓天壤之别。

八极拳

• 以柔克刚的中国跤

中国跤是中国最古老的传统体育项目之一，古代称为角力、角抵、相扑、争跤等。早在四五千年前的黄帝时代就有了古摔跤活动。河北是中国跤的摇篮。从清代到现代，中国跤在燕赵之地最为流行。中国跤分为北平跤、保定跤、天津跤三大主流。搏击大师卜恩富先生是摔跤好手，江湖人称"卜六爷"。我的一位习练咏春拳的朋友就曾在北京学习中国跤，他对传统武术圈、搏击圈的事情知之甚多，喜好与人切磋，一向眼光甚高，却对中国跤称赞不已，可见中国跤实战能力之强。

中国跤

• 刚柔并济的咏春拳

南派拳是对明代以来流行于南方的汉族拳种的总称，以福建、广东为中心，广泛流传于长江以南地区。其中，咏春拳声名最盛。

咏春拳因叶问、李小龙先生而广为世人所知，其特点是：拳快而防守严密，马步灵活而上落快，攻守兼备及守攻同期，注重刚柔并济，气力消耗少。影片《一代宗师》《叶问》等估计大家都看过，其中咏春拳师的形象令人印象深刻。目前，咏春拳主要还是在广东、福建、香港等地流传，北方习练者相对较少。我的一位习练形意拳的师叔在广东工作，曾向一位咏春拳前辈学习，受益颇多。

咏春拳

◎ 习练其他搏击技术

当然，如果条件允许，除了传统武术，也可以学习搏击技术，如拳击、自由搏击等，还可以习练散打、柔道、泰拳、格雷西柔术等。

大家千万不要觉得学习站桩之后，就必须得学习传统武术，这是门户之见。搏击技术，尤其是西方搏击技术，经过百余年的发展，现在已经对一对一的搏击研究得非常透彻了。这一点，相信看过拳击比赛或者终极格斗冠军赛的人都深有感触。

此外，散打、柔道、空手道、泰拳、格雷西柔术等，也是非常值得学习的。总之，我们一定不要故步自封、夜郎自大，不要做井底之蛙。我身边很多一起习练站桩、形意拳的师兄弟原先就练习过拳击、散打、空手道等搏击技术，但这并不妨碍他们从中国传统武术中汲取营养。

注意事项

初学者在选择拳种时，往往会陷入一些误区，因此有些注意事项有必要提醒一下大家。

首先，既不要拘泥于某一拳种，又要避免"贪多嚼不烂"。比如，你习练了形意拳，并不妨碍你接触咏春拳或者自由搏击。但是，你最好在全面学习了形意拳整个技术体系且有了一定功夫后，再转益多师，否则可能学了后边的忘了前边的，或者"门门通，门门松"。

其次，*作为现代人，应摒弃门户之见，对其他门派不应有轻慢之心*。任何拳种流传到现在，都是经过时间检验的，必有其可取之处，我们不能因为自己练了这种拳，就瞧不起其他拳种。*"拳术无高低，功夫有深浅"，只有功夫不好的人，没有不好的拳种*。

举例来说，网上流传甚广的"格斗术"较有争议性，武术圈中很多人对其颇为鄙夷，但我个人认为，从防身和制止不法侵害的角度来看，这是一种非常优秀的抗暴防身技术，有很多可取之处。

● 以技击为主要方向

第三个方向，就是以技击为主要方向。我再啰唆一句，即便是以技击为主要方向，也要坚持站桩，*须知"练拳不练功，到老一场空"*。技击更需要强健的体魄，而站桩是提高自身综合素质的极好方法。

有少数青壮年桩友站桩后身体养得很好，愿意以弘扬国粹为己任，"为往圣继绝学"，选择以技击为主要发展方向，那就需要了解以下知识。

要准备投入更多的时间、精力和金钱

以前我们说过，站桩姿势简单，要求不高，训练量也可以根据自己的需要和客观情况进行调整。但是，技击不可以那样，技击需要把很多精准的技术动作加以固化，形成动力定型。而完成这些需要超乎常人的体能做基础，这就决定了我们必须投入更多的时间和精力进行训练。也就意味着，我们要挤占工作的时间，要有更充足的时间休息，要补充更多的营养，还要购买护具和训练器材、租用专业场地、聘请教练和陪练。古人说"穷文富武"，确实如此。

要科学地进行对抗训练

技击是人与人之间的对抗。站桩、单操手、组合招、练套路、打沙袋、打引靶，都不能代替对抗性训练。没有跟对手面对面切磋过，你甚至都不知道眼睛该看哪里，手该放在哪里。很多闭门习武多年的人跟人对抗时呼吸急促、心跳加快、手足乏力、大脑一片空白，平时烂熟于心的招式一式也想不起来了。为了克服这些弱点，我们必须进行科学、合理的对抗性训练，其艰辛程度和站桩、盘架子是截然不同的。

要走出门去，积极地和其他拳种的习练者交流

对抗训练虽然很辛苦，但也只是训练。训练和实战还是有相当大的差距的。在训练中，教练和陪练会考虑到你的安全，控制

力度和速度（在传统武术中叫作"招手"）。而在实战中，对方会以击倒你为目的。所以，我个人建议，想提高技击能力的人应先在搏击馆接受正规的训练，在有护具、有规则、有裁判的前提下进行实战演练，有了一定经验之后，再去"行走江湖"。

● 谁是你真正的老师——寻访明师之路

选择好了未来的方向以及要练习的拳种后，我们就该去寻找老师了。不管是以养生还是以技击为目的，都需要明师引导才能继续深入。过去有句老话叫"徒访师三年，师访徒三年"，讲的是真传武功须传授给忠诚、正直、善良之人，而徒弟为了避免误入歧途、所遇非人，也必须选择一位好师父。

那么，该如何选择明师呢？

先找到明师

我们要在所选拳种的传承人中寻找明师。

那么，问题来了，如何判断谁是明师呢？

以下是我这些年总结出来的一些经验和判断标准。

◎ 学会区分职业武术家与"隐士"武术家

所谓职业武术家，就是以传播武术为生的人，比如开馆授徒的武馆馆主。

所谓"隐士"武术家，就是另有职业，习武只是兴趣爱好的人。他们如果碰上投缘的年轻人，或许会教上几个。

对求学者而言，两类老师各有千秋。一般来说，在练功方法、先天禀赋、身体素质相同的条件下，职业武术家有更多的时间、精力去加强训练和钻研教学，专业化程度可能会更高。他们的课程设置与收费标准相对公开、固定，初学者学起来比较省心。但是，这种馆传武术很可能是不管谁来学，都是同一套教法。比如教授传统拳法的武馆，可能就是教授一些固定功法、几个固定套路，至于学生学会没有、领悟程度如何，跟老师就没有关系了。可以说，在职业武馆中，师生之间通常只是单纯的教与学的关系，课程结束后，双方便如陌路人。你要是想学点老师压箱底的东西，可能要报私教课才行。

与之对应的，"隐士"武术家因为习武只是兴趣爱好，所以可能并不看重课酬，但是对求学者的品性要求更高。说白了，他们授徒是为了让自己的拳种、门派传下去。如果你只是想学个一招半式，可能人家根本就不会搭理你。所以，想从"隐士"武术家那里学到东西，一般要先接受考察，然后你才能磕头递帖入门，确立师徒关系，今后一起为门派传承而努力。跟随"隐士"武术家学习，是个赌运气的选择。要是师徒投契，师父可能倾囊相授；但要是赶上一个性格古怪或者江湖习气重的师父，那真是一地鸡毛。

传统武术目前面临的一个比较令人忧心的事实是：职业武术家较少，绝大多数是隐于民间的"隐士"武术家。毕竟纯粹靠传统武术养家糊口还是很难的。一位国内知名的传统武术老前辈曾不无感慨地跟我说，像他这样有名声的练武者靠武馆授徒为生都比较艰难，更别说其他那些不那么有名气的民间武术家了。以前，学成一身武艺后，既可以防身自卫，又可以入镖局维持生计，或者当护院，但现在这些职业都消失了，仅靠教授武术养家糊口很难。

◎　考察老师本人有没有功夫

● 如何判断老师是否有功夫

不管你想选择职业武术家还是"隐士"武术家当老师，都要先判断一下这些老师是否真有功夫。

在没接触老师之前，如果网上有他们练功或者散手的视频，我们可以去观察他们的功力如何，实战时的反应是否足够快速、机敏。

另外，最重要也是最直接的办法，就是现场请益，用传统武术的说法，叫作"试手"。

我的一位朋友习练散打多年，颇有功夫，他听说一位形意拳的前辈功夫很深，就去请教。后来他跟我说，他与这位前辈试手时，他一拳打过去，就被前辈一个"虎扑"扑了出去，他整个人飞出去撞在了墙壁上，随后落下。他虽然没有受伤，但是惊出了一身冷汗，当时就对前辈充满了敬佩之情，立即拜师了。

● 唯"诚、敬"二字而已

需要提醒大家的是，试手不同于真正交手，一定要秉持"诚、敬"二字，谦虚谨慎，有礼有节。毕竟我们是去拜访请教，而不是去砸场子。最好是请一位双方都了解、信任的朋友作为介绍人，先向老师说清来意，征得老师的理解和同意。试手的时候，要把握好分寸，可以用自己最擅长的技术试几次（一般遵循"事不过三"的原则），看老师如何应对化解，但不能用偷袭、暗算等手段，更不能没完没了，将试手变成真正的比武较技。我的一个熟人，有一次很冒失地去某公园探访一位前辈。在跟前辈试手时，他因为缺乏礼貌，被前辈的弟子误认为是来砸场子的，结果大家一哄而上、一通围殴，把他打得抱头鼠窜，还挂了彩，非常不光彩。

◎　观察老师的徒弟有没有功夫

这也是一个很重要的参考依据，如果师父有功夫，而徒弟没功夫，那说明这位老师要么是教学保守，要么是教学能力一般——虽然他身上有功夫，但他不会教，没法把他自己领悟的功夫传授给学生。跟着这样的老师学，恐怕难有进益。

那么，我们怎么验证其徒弟有没有功夫呢？除了从旁观察，我们也可以要求与未来的师兄试试手。这时，我们除了要注意礼节，也要保护好自己。在试手前要说清规则，不要吃暗亏。我的一位朋友与陌生人推手，本来他已经把对方推倒了，但是那人死活不肯认输，在倒下那一刻死死拽住他的手腕，结果把他的腕骨给扭断了。这个例子提醒我们，在武术圈子里行走，如果发现对方武德不佳，不要与之产生冲突，要给对方留点面子，以便机智地全身而退。

◎　观察老师在教学过程中是否保守、是否真心传授

传统武术的教学，其实没有我们想象的那么神秘和复杂，往往只是一层窗户纸，就看老师愿不愿意捅破，所以有"真传一句话，假传万卷书"之说。负责任的老师，不光会告诉你怎么练（习练的要求和阶段），还会告诉你这么练的原因、目的和结果；而不负责任的老师可能只告诉你一种没头没尾的练法，让你就在那儿傻练。在接触老师的初期，我们可以看看这位老师是否真心教学，也可以多跟其弟子聊聊，看看他们对老师教学态度、教学能力的评价。

◎　看老师教学是否成体系、是否能够把深奥的道理讲清楚

成体系的教学就如同阶梯，能够帮助你向上攀登，引领你一

步一个脚印地向更高的阶段迈进。

如果老师能用通俗易懂的语言把技艺中的奥妙剖析清楚，把他对功夫的体悟全面、完整地展示给你，就可以大大缩短你刚入门的迷惘期。

如果老师还能够因材施教，根据你的个人情况，设计适合你的训练程序，那你的学习就可以事半功倍。

◎　考察老师有无以下流弊

有人的地方就有江湖。传统武术是中华民族文化的瑰宝，但同时传统武术圈子里也不可避免地存在一些陋俗。望大家在寻师路上提高警惕，不忘初心，不断审视并牢记自己站桩、习武的初衷，不要被一些歪风邪气影响。

传统武术圈子里常见的陋俗有以下几种。

• 封闭保守

有的老前辈年轻时功夫来得很不容易，所以在教授徒弟或者学员时相对保守，不太愿意去教真东西。

我有一位老师，他曾经为了跟某内家拳老师学点真东西，经常鞍前马后地献殷勤，不时地请这位老师吃饭。有一次，两个人都喝醉了，我的老师更是醉得瘫软如泥，这时，这位老师说，这就叫"松"，实在是令人哭笑不得。

还有的老师，当你在他面前演练时，他总指出这不对那不对，但是当你问他该怎么做的时候，他却闭口不言。

• 借武敛财

老前辈或者拳师开武馆授徒肯定是要收费的，因为他们是以此为生的。

对此，我并不反对，因为如果传统武术不能形成自身的商业模式，那么好东西注定会流失。对立志传播传统武术的人来说，如果传统武术不能成为赚钱养家的工具，那么很自然，很多人以后就不会选择走这条路了，毕竟每个人在社会上打拼都不容易，都需要赚钱养家。长此以往，传统武术的发展前景必然令人忧心。

然而，极少数人在收取报酬的同时，一方面不教真东西（有的可能自己就没真功夫），另一方面故意编排出很多功法，巧设各种名目，"明码标价"，学员钱花了不少，学得却是一头雾水。还有的人嘴上经常挂着"以前老前辈为了跟祖师学拳，曾经倾尽家产"云云，明里暗里让你多包几个红包、多孝敬一些礼物。这些都属于借武敛财，万望大家注意。

• 江湖习气重

传统武术圈的一大陋俗就是"是己而非人"的习气重。一些人功夫没上身，陈规陋习先上身了。

我的一个熟人读书时随某前辈学习形意拳，但他没把时间和精力花在练功上，反倒学会了各种说教。十几年前，看到我在站桩，他就总是说我这里不对那里不对，我就请他站一下桩给我打个样、示范一下，结果我发现他站的是死桩，属于"造型派"。待要跟他推推手、试试他的功力，他却总是拒绝。对此，我只能报之以很有深意的一笑。

还有一次聚餐，此人也在现场。我介绍一位习练形意拳多年的朋友给他认识。我朋友热情地伸出手要跟他握手，他却突然发力，意图试我朋友的功夫，此举令人颇感厌恶。

• 圈子复杂、人心险恶

武术圈也是一个小社会，里边形形色色的人都有。我就曾经接触过品德不佳的人，此人跟老师学完功夫后反过来诋毁师门。对这种人，大家千万敬而远之！

好好考察门派环境、同门品性

学校不是象牙塔，门派也是小社会。师门之内，可不是世外桃源。

过去，一些武术门派为了培植势力、扩大影响、威慑其他门派，往往三教九流都会吸纳一二。其中，有达官显贵之辈，也有鸡鸣狗盗之徒。

所以，师父是良师，并不代表师伯、师叔都是君子。长辈可亲，并不代表同辈、晚辈个个是益友。所以，我们不但要观察老师本人，还要看这一派的门风，以及门内人（未来你们很可能就是师兄弟）的言行，择其善者而从之，其不善者敬而远之。

在传统武术门派中，观察人无非从两个角度看——第一看人品，第二看功夫。

◎　人品

• 贪财好色之徒不能结交

贪财好色之徒万万不可结交，因为这背离了我们习武的初衷。

十几年前，我的一位师兄在某地遇到了一位前辈。这位前辈功夫很高，据我师兄说，他的桩功很深，每天至少站 3 小时，我师兄和另一位师兄去抬这位前辈的胳膊，竟然都抬不起来。他的确很有功夫，但后来在跟这位前辈吃饭时，我师兄发现此人非常好色，且私德有亏，这样的人自然是不能结交的。

- 心胸狭隘者不能结交

心胸狭隘者不能结交。这类人气量很小，常气人有，笑人无，恨不得师父只把真功夫传给自己。在同门交往中，总想让所有师兄弟都亲近自己，远离他人，为此不惜挑拨离间，败坏师门情谊。推手、断手时，只能占便宜，不能吃亏。你当面赢他一次，他背后诋毁你十年。格局很小，浑身负能量，这样的人大家趁早远离。

- 门户之见强烈者不能结交

有个别习武者自尊自大，习惯性贬低其他拳种或门派，但实际上他们很少甚至没有跟其他拳种或门派的习练者切磋交流过。跟他们交往，只能陪着他们一起夜郎自大，不能提及其他拳种或门派的一点优势。这种人本身眼界狭窄、格局较小，怎么能期望他培养出眼界和格局都高人一等的门人弟子呢？人以群分，看到这种人，最好离他这一支都远点。

◎ 功夫

同门的功夫好不好也很重要，毕竟咱们入门就是为了学艺，不是为了吃喝玩乐。那么，怎么判断同门功夫好不好呢？前文我们已经提过，此处不再赘述。

拜师其实就是一种形式

有的人会说："传统武术门派里陈规陋习那么多，那我还要不要去寻师拜师呢？是不是不拜师就学不到真东西啊？"

我个人的建议是不要急于拜师，可以先跟老师学，在学习的过程中慢慢观察老师、同门的人品和功夫。

其实，拜师只是一种形式。我的形意拳启蒙老师李江华先生在刚开始学习形意拳时，曾经问教他的形意拳老前辈要不要递帖子磕头拜师。这位老前辈就很幽默地对他说："不用，这些都是形式。你如果练得不好，还到处说是我的徒弟，我也不会承认；你如果练得很好，我逢人便会讲你是我的徒弟。"

找不到明师怎么办呢

对很多人来说，最大的困难在于明师难遇。这一点我深有感触，在我 24 岁有幸结识李江华先生之前，我都不知道世界上还有站桩和内家拳这回事。

如果实在找不到明师，你可以利用网络上的相关资料多做一下功课，比如找一找在线课程进行试听。另外，还可以从目前已经出版的图书中找找线索。为什么是图书呢？因为要完成一本书的写作其实是一件很耗精力的事，一位老师如果有能力把自己所学、所教完整而系统地整理出来，并且愿意深入浅出地讲解给大众听，那么他起码是一位合格的或者说发心纯正的老师。

除了建议大家坚持习练松静桩外，我在此郑重推荐本门师叔刘杨的两本著作——《内家拳的正确打开方式》和《内家醍醐》。这两本著作从认识论和方法论的角度对内家拳的原理和功法进行了阐述，"如坐高山而视众山众水，如燃天灯而照九幽九昧"，这两本书绝对称得上是现代人的习武自助手册，非常适合初学者阅读、学习。

13

站桩与你的
"健康账户"

本章讲的是站桩与健康的关系，这看似与如何站桩关系不是很大，实则不然。本章所传递的理念非常重要，就算是不站桩的人也能从中受益，请各位读者务必重视。

● 什么是"健康账户"

你一定要知道的概念——"先天之精"与"后天之精"

在道家和中医理论中，人的寿命，或者叫生命力，被称为"元精"或"元气"。我们姑且将其视作一种能量吧，这种能量是由两部分融合而成的。

我们从父母那里继承来的，叫作"先天之精"，它是构成胚胎的原始物质，可以用来修复身体的重大损耗。

我们自己从食物和空气中摄取的，叫"后天之精"，也叫"水谷之精"，可以用来满足各种日常活动的消耗。

先天之精，用一点少一点，极难补充。后天之精，可以通过呼吸、睡眠、饮食来补充。

"健康账户"，一种形象的比喻

"健康账户"这个概念阐述和理解起来都很复杂，所以我们用更加形象、直观、可量化的概念来代替它，也就是我们在银行开立的账户。

我们把健康视作一笔资产，其载体就是精气神。我们可以简单地把健康理解为一笔存在我们个人账户里的钱：钱越多，就代表我们越健康；钱少了，就代表贫病交加；钱没了，破产销户了，就代表身体状况告急。

我们账户里的原始资金是父母给的住房专项资金，主要用来交房租、修房子——这里的房子就是指我们的身躯，钱花一点少一点。我们自己挣的钱，是用于衣食住行的生活资金，相对来说存取自由。这个账户仿佛一个蓄水池，你的收入每天如流水一般流入这个蓄水池，同时，各种日常开支又从这个蓄水池汩汩流出。

适当运动、注重营养、作息规律、心情愉悦等良性行为，是在向这个"健康账户"中"存钱"。行走坐卧、读书学习、工作谋生、社交应酬，是在从这个"健康账户"中"取钱"。熬夜、酗酒、吸烟、心情抑郁等是在肆意挥霍这个"健康账户"中的"钱"。生活资金那部分花完了，就要挪用住房专项资金。时间久了，房子就会破败不堪。

所以，掌控好收支平衡很重要。但是，很多人没有树立正确的金钱观、消费观，不会过日子，不懂得量入为出，从而导致囊中羞涩、账户告急，甚至入不敷出、资不抵债，真是"花钱一时爽，还钱泪两行"。

以流行多年的"朋克养生"为例。"朋克养生"指的是当代青年的一种"一边'作死',一边自救"的养生方式。比如，用最贵的眼霜，熬最长的夜；白天健身，晚上吃炸鸡；啤酒里加枸杞子，可乐里加党参；吃火锅怕上火，吃冰激凌去火，等等。这就像啥也不懂的人跟风去买理财产品，买得越多，亏得越多……

站桩虽好却架不住你挥霍

站桩确实是一种非常好的健身养生方式，但站桩不是万能的。有的人喜欢站桩，往往就把站桩给神化了，好像学会了站桩身体疾病就能霍然而愈，以后再怎么折腾也不会得病了。我在网上看到过很多这样的文章，把站桩的功效说得神乎其神。大家千万要记住站桩不是万能的。它就像是一种收益相对较高的理财产品，但是赚得再多，也架不住某些人挥霍。

打个比方，有一个人，他每天只站半个小时的桩，但是每天都吸烟、喝酒、熬夜、泡吧，靠站这半个小时桩好不容易攒出的一点精气神够他挥霍吗？！

所以，要想健康，一定要管理好自己的"健康账户"，做到"开源节流"，这样才能把站桩的效果最大化，真正达到祛病、健身、养生的目的。

为了将站桩的效果最大化，大家也需要了解一下那些影响我们"健康账户"的主要因素。经过这一系列的思考，大家就会了解该从哪些方面保养身体了，也会逐渐有意识地"开源节流"了。

● 影响"健康账户"的主要因素

人的身体健康会受到各种因素的影响。为了方便大家理解，我们把这些因素大致分为内在因素和外在因素两大类。

内在因素

◎ 遗传

遗传是指人类基因的传递，它在很大程定上决定了人类个体的健康状况和后代的遗传素质，从而决定了一些遗传性疾病的发生、发展规律。如家族遗传性疾病很可能遗传给下一代，对后代的健康造成危害。所以，重视遗传对健康的影响具有特殊意义。此处需要强调一点，人们并非对遗传性疾病毫无办法。一项发表于《英国运动医学杂志》（*British Journal of Sports Medicine*）的新研究表明，较高水平的体育活动，尤其是中等强度到高强度的运动，能够显著降低患 2 型糖尿病的风险。

◎ 情绪

情绪主要包括喜、怒、忧、思、悲、恐、惊这"七情"。要知道，情绪与免疫功能密切相关，长期情绪不佳容易影响内分泌及神经系统功能，不利于精神及身体健康。因此，我们需要保持良好的情绪，及时排解内心的压力，这样才能够提高身体的免疫力。

我刚接触形意拳的时候，听闻那些令人痴迷的武林逸事，不禁对形意拳产生了很多不切实际的幻想，觉得形意拳是万能的。有一天，李江华先生问我练形意拳是为了什么。我说是为了身体健康。他说，不生气也能让身体健康。我当时心里还挺不服气的，但后来我才真正理解了这句话的含义：**"怒"恐怕是七情里最容易犯的，而且也是对健康负面影响最大的**。光靠练拳，不见得能弥补易怒造成的健康亏损。

◎ 饮食营养

当前，随着生活水平的不断提高，罹患高血糖、高血压、高脂血症等病的人越来越多，而这些病均与日常饮食有关。比如，长期摄入油腻食物、暴饮暴食等，很容易引发疾病，影响身体健康。举个极端的例子，我在短视频平台上曾经看到一些很知名的吃播主播，他们有的食量惊人（人家吃一顿估计够我吃一个星期的），有的酒量惊人，但是最近爆出来某吃播主播英年早逝的消息，实在是令人惋惜。然而，如果为了瘦身而过度节制饮食，可能会导致营养不良，发育期的儿童甚至会出现发育迟缓的情况。

◎ 运动

如果久坐不运动或者很少运动，长期缺乏体育锻炼，则患高血压、糖尿病、冠心病、脑卒中等病的风险会升高。我的一位朋友，早年习武，后来创业。由于工作压力大、作息不规律等因素，他放弃了运动的习惯，导致身材飞速地臃肿了起来（我几年没见他，后来见到他差点儿没认出来）。有一天晚上，他突然觉得喘不过气来，然后拨打 120 叫来了救护车……

◎ 睡眠

睡眠质量是影响人类健康的重要因素之一，良好的睡眠质量对身体和心理健康都有积极的作用。然而，现代生活节奏快、压力大，许多人都面临睡眠质量不佳的问题，这可能会导致各种健康问题，例如，免疫力降低、记忆力下降、心血管疾病频发等。

◎ 生活习惯

这里是指不良生活习惯，主要有吸烟、酗酒、熬夜、药物滥用、缺乏锻炼等。直到 20 世纪 60 年代，人们才逐渐发现由不健康的生活方式导致的死亡所占的比重越来越大。例如，1976 年美国年死亡人数中，50% 的人的死亡与不良生活方式有关，可见养成良好的生活习惯对健康是多么重要。据世界贸易组织估计，1992 年全球 60% 的死亡是由不良生活方式造成的，其中这一因素在发达国家占 70%~80%，在发展中国家占 40%~50%。通过 30 年的努力，美国因心血管疾病引起的死亡率减少了一半，其中 2/3 是通过改善生活方式实现的。

外在因素

◎ 气候环境

长期居住在寒冷、潮湿、炎热的环境中，容易引发鼻炎、咽炎、肺炎、气管炎等多种病症，导致健康受损。因此，环境因素对身体健康非常重要，这也是很多北方人一到冬季就像候鸟一样竞相飞往海南三亚过冬的原因。

中医把气候环境对人体的影响主要归为寒、暑、湿、燥、风 5 种因素，不同的气候对人体有不同的影响。比如，寒冷的气候可能导致寒邪侵袭，引起感冒、关节疼痛等问题；炎热的气候可能导致出汗过多、中暑，甚至导致热射病；潮湿的气候可能导致湿邪滋生，引发湿疹、腹泻等问题；干燥的气候可能导致皮肤干燥、喉咙不适等。我是黑龙江人，在我的老家，由于天气寒冷，关节炎、鼻炎、哮喘、支气管炎等的发病率都比较高。

◎ 季节变化

四季变化，春夏秋冬轮转。每个季节都有不同的气候特点，季节变化对人的生理和情绪有一定影响。比如，春季多花，容易引发过敏性疾病，如花粉过敏；夏季湿热，易引发中暑；秋季干燥，容易引发肺部疾病，即我们经常说的"秋燥"，所以在北方，很多人秋天都喜欢喝梨汤润燥；冬季寒冷，容易引发关节疾病，所以大家一定要注意保暖，尤其是做好关节的保暖。

◎ 居住环境

居住环境中影响身体健康的因素有真菌、细菌、病毒、寄生虫，以及噪声、电离辐射、农药、废气、污水等。我曾经拜访过一位武林老前辈，他们所住的村子的地下水受到附近化工厂经年累月的污染，很多村民都患上了癌症，该村因此被称为"癌症村"。他们那儿基本上不饮用地下水，而是喝桶装水。

◎ 工作环境

这里主要指的是工作压力。我曾经在某知名互联网公司工作，工作压力很大。据一位同事说，她刚开始加入公司的时候，每天都忙得不可开交，好几个月后才有机会喘息一下。有一天，她的视线透过落地窗，落在窗前的树上，那一瞬间，她觉得树好美，而自己疲惫得想哭。

◎ 人际关系

人际关系主要分为家庭关系（比如夫妻关系、亲子关系等）和外部关系（如和亲戚、朋友、邻居、同事等的关系）。拥有良好的人际关系，对人的身体健康是非常重要的。科学研究表明，孤独、不善交际的人，整体健康状况要比人际关系良好的人差。

◎ 饮食传染

许多人都没有分餐的习惯，所以发生幽门螺杆菌等感染的情况还是比较多的，大家在这方面一定要多加注意。

◎ 医疗条件

有了良好的医疗条件，人们在患病初期就能够得到很好的治疗，这样病情就不至于发展，避免对身体造成大的损害。

● 如何维护好你的"健康账户"

要想维护好你的"健康账户"，就得从两方面入手：一方面是开源，即多挣"钱"；另一方面是节流，就是少花"钱"，尤其不要总消耗"住房专项资金"。只有多挣少花，你的"健康账户"才能丰盈，才能"稻米流脂粟米白，公私仓廪俱丰实"。

开源——多挣"钱"

◎ 逐渐延长站桩时间

刚开始学习站桩时，为避免感到枯燥甚至产生畏难心理，可以每天分多次站，每次站 3～5 分钟。

这是引导大家入门的好方法，对大家的要求也不是特别高。每次觉得自己坚持不下去的时候，再多坚持几分钟，如此循序渐进。作家周岭在《认知觉醒：开启自我改变的原动力》这本书里提出：无论是个体还是群体，其能力都以"舒适区—拉伸区—困难区"的形式分布，要想让自己高效成长，就必须让自己始终处于舒适区的边缘，贸然跨到困难区会让自己受挫，而始终停留在舒适区会让自己停滞不前。这也很好地解释了为什么老师在教站桩时，总是在我们觉得坚持不下去的时候让我们再坚持一会儿。

通过循序渐进的练习，逐步过渡到每次站 40 分钟以上。如果练功时间充裕且身体条件允许，鼓励大家单次站桩达到 1 小时甚至 2 小时以上，这对身体是非常有好处的。如果站桩是往"健康账户"里存钱，那么，每天只站几分钟和每天站一两个小时甚至更长时间，这两种方式为"健康账户"攒的钱是不能相提并论的。

◎ 保证站桩质量

在延长站桩时间的同时，也要保证站桩质量。保证质量的两个标准就是身松和心静，大家一定要在这两方面多下功夫。我大学毕业后一直在从事法律工作，每天早出晚归，非常繁忙，站桩初期也曾多次抱怨站桩时间不够。一位老师提醒我说："即使你只站 10 分钟，也要在那 10 分钟里，用你全部的精力站桩。"他的意思就是在站桩时要集中注意力，要做到专注。

◎ 将站桩生活化

在保证每天固定的站桩时间之外，我们还需要学会将站桩生活化。

我们可以把平时站桩的状态保持到生活的点滴之中，做到"功夫成片"。在固定的时间站桩就像赚取正式工作的薪水，而利用碎片化的时间将站桩生活化就像赚取兼职收入，这无疑对充实我们的"健康账户"是十分有好处的。

后文我们会专门介绍如何做到将站桩生活化。

节流——少花"钱"

节流分为两部分。

◎ 改善内在因素

首先，我们要做好情绪管理。当有情绪失控的苗头的时候，我们要及时觉察，所谓"不怕念起，只怕觉迟"，然后自劝自勉，逐步缩短自己被情绪所左右的时间，尤其是要少生气，尽量做到不生气，就像李江华老师当时对我说的，不生气也能让身体健康。

佛门有一句话叫"怒火能烧功德林"，说的就是生气对一个人的功德会产生非常大的负面影响。推荐大家读一读一行禅师的《你可以不生气》这本书，它通俗易懂，且可操作性强。当然，还有大家熟知的《不气歌》，现抄录在此，与诸君共勉之。

> 人生就像一场戏，今世有缘才相聚。
>
> 相处一处不容易，人人应该去珍惜。
>
> 世上万物般般有，哪能件件如我意。
>
> 为了小事发脾气，回想起来又何必。
>
> 他人气我我不气，气出病来无人替。
>
> 生气伤肝又伤脾，促人衰老又生疾。
>
> 看病花钱又受罪，还说气病治非易。
>
> 小人量小不让人，常常气人气自己。
>
> 君子量大同天地，好事坏事包在里。
>
> 他人骂我我装聋，高声上天低入地。
>
> 我若错了真该骂，诚心改正受教育。
>
> 要是根本没那事，全当他是骂自己。
>
> 左亲右邻团结好，家庭和睦乐无比。
>
> 夫妻互助又亲爱，朝夕相伴笑嘻嘻。
>
> 政通人和享天伦，晚年幸福甜如蜜。

邻里亲友不要比，儿孙琐事随他去。

淡泊名利促健康，文明礼貌争第一。

三国有个周公瑾，因气丧命中人计。

清朝有个闫敬铭，领悟危害不生气。

弥勒就是布袋僧，袒胸大肚能忍气。

笑口常开无忧虑，一切疾病皆消去。

不气不气真不气，不气歌儿记心里。

只要你能做得到，活到百岁不足奇。

其次，就是要改善饮食。饮食要尽量清淡一些，少吃刺激性食物，同时饮食要均衡，不要偏食和挑食。

最后，就是要改善睡眠习惯，年轻人尤其要改掉熬夜的习惯。很多年轻人晚上睡得晚，早上起不来，而且有的不是在忙工作，而是在玩游戏、刷短视频等。如果你真的有工作没完成，必须加班，那么我建议你晚上按时睡觉，定好闹钟早上起来工作，这样第二天的精神状态要比熬夜加班后好得多。

另外，还要改掉酗酒、吸烟等不良的生活习惯。

面对繁重的工作，尽量做到劳逸结合。大家有没有过这样的体验——经常忙着忙着就忘了时间，直到累得受不了的时候才停下来。在此向大家推荐番茄工作法，即在工作一段时间之后休息一小会儿，然后再接着工作。

这种间歇性的休息能保证体能的恢复，否则在经过了一天的忙碌（打电话、处理文件、开会）之后，下班一回到家里，身体就像被抽干了一样，非常疲惫，恨不得一下子扑到沙发上。

◎　尽量改善外在因素

如果你生活的城市气候条件比较差，那么也许你可以考虑换一个城市生活。我有一个高中同学，他从某知名高校毕业后就留在了老家工作生活。虽然生在东北、长在东北，但他对那里漫长、严寒的冬季还是不适应。后来，他和媳妇一商量，自驾一路南下，遍览祖国大好河山，边游玩边考察哪个城市适合他们定居。最后他们定居在了成都。每当听到关于成都的歌，我总会想起他。

在季节更替的时候，要注意增减衣物，以免感冒。不知从何时开始，年轻人开始流行穿露脐装，甚至北方的冬天还有人这样穿。从身体健康的角度来说，这有害无益。

至于空气问题，有条件的人可以购买空气净化器或者安装新风系统。花粉过敏的人外出时可以戴上口罩。

饮水安全也很重要。目前，很多家庭都在使用移动净水壶或者安装了净水器。

至于工作压力，每个人对压力的承受能力不一样，大家一定要选择适合自己的工作。如果目前的工作强度是自己身体和心理所无法承受的，那我建议大家还是不要光想着赚钱或者开拓事业，毕竟，你的身体要跟得上你的"野心"。

前些日子，我去北京郊区游玩，晚上在一处民宿落脚。民宿经理二十出头，曾经在某知名互联网公司工作，患上了脂肪肝和轻度抑郁。后来，他毅然辞去了那份工作，选择到这处山清水秀的地方工作。虽然薪资待遇与之前无法相比，但他每日内心充实喜悦，身体状况也好了不少。

另外，尽量保持良好的人际关系。家庭关系和外部关系都要尽量维系好。

与他人一起进餐时，尽量分餐或用公勺公筷。

还有，住所尽量离医院近一点，这一点对老年人尤其重要。养成定期体检的习惯，这样才能及时发现健康上的问题，防患于未然。

啰啰唆唆说了这么多，其实归根结底，就是想说明站桩与健康之间关系密切。衷心希望各位读者能够做到开源节流，让自己的"健康账户"盈余多多，最终实现健康长寿的目标。

14

站桩生活化
——如何利用
碎片化时间站桩

想通过站桩获得健康的你，是否也和曾经的我一样，面临如下苦恼？

觉得站桩有利于健康，但是又担心站桩占用太多时间，影响工作或者生活……

精疲力竭的时候，觉得"我得站桩养一养了"，却迟迟下不了决心，总觉得还有这样那样的事没做……

周末站了站桩，精力终于恢复了。到了周一，又是万丈红尘、俗务缠身，一天下来忙得脚打脑后勺，根本腾不出时间来站桩……

站桩时状态很好，但一到工作和生活中，什么松啊、静啊通通忘了，直忙得肩颈僵硬、神经紧张，完全找不到站桩时那种松弛、平和、愉悦的感觉……

刚刚静下心来站了一会儿桩，结果一个电话打来，又要面对工作或生活上的琐事了，不得不从松静的状态中退出，心中懊恼顿时加倍……

终于体会到了站桩的妙处，无奈每天站桩时间极为有限，通过站桩给"健康账户"积攒起来的精气神根本不够一天消耗，每晚回到家中仍觉倦怠和疲惫……

某段时间，工作特别忙碌，只能暂时把站桩停掉。好不容易等到有空闲的时候了，却已经失去了站桩的激情。先是懊悔，然后是拖延，直至最后放弃……

以上种种烦恼，说到底就是一个问题，那就是把站桩和日常生活截然分开，觉得站桩是站桩，生活是生活，二者泾渭分明。

如果你有类似的困惑，请接着往下看，本章会是助你"化烦恼为菩提"的一个机缘。

● 做好心理建设，在意识上把站桩和生活统一起来

树立"反正不要钱，多少站一会儿"的积极心态

形意拳宗师宋世荣先生说过，练内家功夫，要"玩而求之"。我的理解是，不要把练功当成一种额外的负担，一种每天必须完成的仪式，要用轻松的心态去对待。站桩是做减法，是放松，是解压，而不是在工作和生活之外又给自己找了一项任务。

路遥先生在《早晨从中午开始》中有一句话："只有初恋般的热情和宗教般的意志，人才有可能成就某种事业。"这句话更适合去鼓励那些极有自驱力和自律精神的人。在读本书的各位可能更多地把站桩视作一种养生的方法。如果一开始就让大家按照练家子的标准，每天咬牙坚持站桩 1~2 小时，恐怕很多人就要打退堂鼓了。所以，刚开始的时候，我们不妨把标准定得低一点，给自己设定一个可实现的目标，每天站一会儿，5 分钟、10 分钟都可以，只要站了，就是胜利！

这里请大家注意，要想达到强身，甚至是内壮等目的，每天

定时定量站桩是极有必要的。大家千万不要看完本章内容后就觉得不用好好站桩，每天随便站站就行了。

要直面自己心理上的惰性和现实生活中的问题，然后找到解决办法

我们中的大部分人，经常是间歇性斗志昂扬，持续性萎靡不振。这就是人性。

我们完全没有必要在自己已经很疲惫的时候，再给自己"打鸡血"；更没有必要在自己每天压力已经非常大的情况下，还硬挤出一两个小时来站桩，结果影响正常工作和生活。

明知不可为而为之，只会取得反效果，由此会产生压力感、挫败感，最终产生逆反心理，并从此与站桩这项健康运动项目失之交臂。

所以，我的建议是，萎靡不振时，咱就踏踏实实地休息。事务繁杂的时候，咱就稳稳当当地去处理。咱们每天不是还有几次"斗志昂扬"的"高光"时刻吗？抓住它们，规划好零散时间，实现站桩与日常工作、生活的融合。

这才是自度自成的方便法门。

以我自己为例，我曾经在知名会计师事务所和互联网公司工作过，想必很多人都了解这些公司的工作节奏与工作强度。

工作日，每天很早就得起床，匆匆洗漱之后就要赶地铁，根本没时间站桩。在早高峰时，要乘地铁的人常常排起长队，人潮涌动，第一趟地铁往往挤不进去，有时甚至需要助跑才能挤进去。最夸张的一次，大概是在 2008 年的时候，我在北京地铁1 号线苹果园站竟然被拥挤的人群挤得两脚离地进了地铁，衣服

扣子都给挤掉了一颗。

工作时间，毫不夸张地说，忙起来根本没时间喝水、如厕。晚上到家，直接瘫倒在沙发上或扑倒在床上，什么也不想做。

为了摆脱这种窘境，我不得不思考，该怎么样把站桩融入日常生活，利用碎片化时间去站桩呢？慢慢地，我就琢磨出了一套将站桩生活化的方法。

所谓站桩生活化，简言之，就是把站桩时的桩态"复制"到日常生活中，力争每时每刻都让身心处于放松、宁静的状态。长此以往，就能逐渐做到"功夫成片"，把站桩融入生活，在生活中修持松静，如同池中之莲，不但能出淤泥而不染，而且还能将泥塘化为画境。

抓住站桩的本质，从技术上找准将站桩融入生活的路径

站桩，并不是随便站着就能实现锻炼的目的，而是要改变我们的骨架结构，对我们的关节、肌肉、筋膜、气血、脏腑、经络、意识进行全面调理。

打个比方，你懒洋洋地趴在床上是起不到锻炼效果的，但是如果你做平板支撑，虽然也是趴着，却很有锻炼效果。

所以，站桩的奥妙就在于调整骨架结构。换句话说，你只要掌握了调整骨架结构的方法，就有可能随时随地引导自己进入桩态。

不同的桩法对骨架结构有不同的要求，将来会产生不同的功效。

松静桩作为各种桩法的基本功，以固本培元为首要目标，所

以它对骨架结构要求最简单、最直接，只要把骨架摆正就行。说得再具体点，就是要求脊柱垂直于地面，骨盆平行于地面。

这个要求实现起来就更简单了，就是把头向上领一领，尾闾向下松一松，相当于把脊柱从两端微微地抻一抻。

大家不要小看这个要领。有一位前辈在学习武式太极拳时，感觉"身法八要"细节太多，顾此失彼，就去请教太极拳大师李逊之先生。李先生就告诉他，只管把头领起来，其他要领自然慢慢就达到了。所以，只要我们把握住这个要领，在将站桩生活化时就有了具体的入手处。以此为基础，我们可以慢慢地把更多调整身体骨架结构的要领"叠加"上去。

为了便于大家理解和实践，我们下面就以"一位都市白领的一天"为主题，用场景化的方式，向大家展示如何做到站桩生活化，帮助大家找到一天中适合练习桩功的时间和事件，把站桩融入生活。

● 躺着也能站桩

早上，天蒙蒙亮，闹铃响起，新的一天又开始了。此时，建议你不要马上起床、穿衣、洗漱，而是在这种半清醒的状态下，再躺几分钟。这个时候，你可以仰卧，两手和站桩时一样放在身体两侧，手心向下。然后，把脊柱、骨盆摆正，从头到脚放松自己的每一寸肌肤，找一找你平时站桩时的感觉。如此反复放松几次，几分钟之后起床即可。注意，可别因为太舒服，结果加入睡回笼觉的"大军"。

这个方法，其实就是卧桩。这里要提醒大家，卧桩只是一种方便的法门，身体特别虚弱的人可将其作为康复锻炼之法，普通人可将其作为站桩的辅助功法，但它不能取代立式站桩。

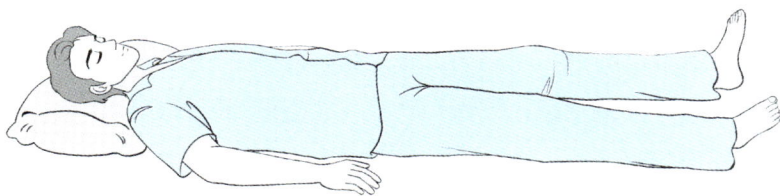

卧桩

● 蹲在马桶上也不妨碍站桩

起床之后如厕时，你可以先用尾骨找准马桶，然后尽量保持脊柱挺直地蹲下去，就像扎马步那样蹲下去。坐稳之后，把头顶心（百会穴）向上微微领起，眼睛似睁非睁、似闭非闭，整个身体都是放松的，保持桩态。

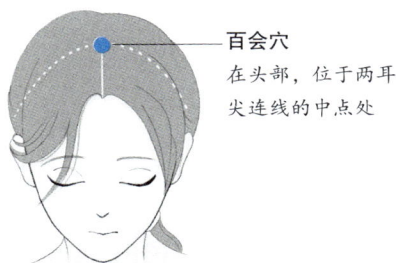

百会穴
在头部，位于两耳尖连线的中点处

百会穴

● 洗漱时也能站桩

洗漱时，我们习惯性地在洗手池前低头猫腰。在此建议大家，在洗漱的时候，从胯窝开始折叠，而不是弓着背。这样头顶就是微微领起的状态，尾骨向后指，尽量使脊柱保持伸展态。哪怕是俯身的时候，上身也要尽量直一些，而不是弓腰含胸。

折胯

保持桩态洗漱

● 用餐时也能站桩

在你收拾停当，坐在餐桌前准备用餐之前，你可以先体会一下坐姿下的桩态。

要领还是头顶微微向上领一下（微微向上领就好，别坐在那儿抻脖子），下颌微收，然后关注一下骨盆，让它水平地置于椅面上，不要左右歪斜。两腿也左右对称地平放在地上，不要跷二郎腿，也不要呈内八字或外八字。这样脊柱基本上就能保持挺直的状态。如果感觉自己拿捏不好，就用鼻子瞄准肚脐，耳朵对齐两肩，然后，脖子和双肩放松，体会躯干上半截放松、下半截沉稳的状态。

这就是坐桩。以后凡是处于坐姿，都可以按照以上方法调桩。

在正式就餐时，我们会俯身夹取食物，或者转身与家人聊天沟通，这时会"丢桩"。没关系，该干啥干啥。在完成必要的动作之后，你可以关注一下自己的身体，让它返回桩态。

保持桩态用餐

● 上班路上照样能站桩

早餐过后，你大概就在上班路上了。这个阶段可利用的时间和机会就比较多了。

◎ 开车也能保持桩态

如果是开车上班，你可以在坐进驾驶室后，按坐桩的要领调整一下身体骨架，然后保持桩态开车。此时，上身仍然呈挺直、放松的状态。尽管你的双手需要掌控方向盘，但是不要紧握手柄，你应该把手像湿毛巾一样搭在方向盘上，然后检查自己的脖颈、肩、肘、腕是否放松，把手臂的重量放在方向盘上。这就是推手（即双人动桩）时"搭手"的状态。

◎ 堵车也有事情做了

如果碰上交通堵塞，你的心情原本可能会因此变得不好，但是，现在你会站桩了，你完全可以告诉自己：太好了，调桩的时间又到了！先调整一下心情，做个深呼吸，然后把头领一领，尾骨动一动，把脊柱调整到站桩时的状态。同时，请务必留意路况，注意行车安全。

◎ 地铁、公交车上的站桩达人

在一些大城市里，很多人会乘坐地铁去上班。在排队等待地铁的时候，别人或者焦躁不安，或者在刷短视频、朋友圈，你完全可以利用这段宝贵的时间站会儿桩。

进了地铁，如果你运气足够好，找到一个座位，那你就可以练习坐桩。如果你没有座位，那么站桩的机会又来了！你可以找个不那么拥挤的角落，在那里从头到脚把自己调成桩态。之所以强调角落而不是车门口，是因为车门口人潮涌动，容易把你冲得像急流中的小鱼，不利于你安心站桩。

如果车厢内特别拥挤，挤得像沙丁鱼罐头一样，为了防止被挤得呼吸不畅，我还有一个小妙招：在站桩的时候，身体与车厢壁呈 45° 夹角，这个时候，受到其他乘客挤压的概率会相对小一些。站桩的时候别忘了用一只手拉住把手或扶在扶手杆上，以免刹车时摔倒。记住，拉着把手的那只手臂，肩关节仍然要保持放松，只是把手指搭在把手上，感觉就像是把这只手臂挂在把手上。

在公交车上站桩与在地铁上站桩的方法基本一致，大家可以参考上文，在此就不赘述了。

● 高铁上的站桩小能手

如果你近期要出差，准备乘坐高铁，那恭喜你，高铁可是非常好的站桩场所，特别是高铁车厢连接处，松静桩在这种场合尤其能发挥它的作用。松静桩本身不需要把手臂抬起来，且不需要大幅度下蹲，从外形上很难看出来是在站桩，所以松静桩实乃居家旅行必备之良桩。

在高铁上站桩

高铁座位比较窄小，坐久了会感觉非常疲惫，甚至腰酸背痛。这时候，你可以慢慢踱到车厢连接处，看着车窗外的风景，暗暗地从头到脚把站桩的要领做一遍，然后静静站一会儿。这是种非常好的缓解疲劳、恢复精力的方式。如果站累了，随时可以回到座位坐下歇一会儿。坐着的时候，上半身也可以保持桩态，调成坐桩模式。

● "空中飞人"的站桩锦囊

如果你是忙碌的"空中飞人"，经常打"飞的"，那么，你会有许多碎片化的时间可以用来站桩。在你驱车来到机场，过了安检，站在航站楼候机区落地窗前之后，你就可以把自己调成桩态了。首先，把个人物品放到视线之内。然后，保持桩架，把头领一领，从头放松到脚，双脚的间距也不用非得与肩同宽，以感觉舒适为宜。这样从外形上看起来不明显，不至于招来别人异样的眼光。别人只会想，那个人真有意思，在落地窗前站了那么久，但谁都不知道你在那儿练功呢。当然，如果你不在意别人的眼光，那就无所谓了。

至于为啥要在公共场合隐蔽性练功，在此仅以我个人经历为例做一说明。2019 年春天，我在首都机场候机区闭目静坐了半个多小时，就被一个抖音主播偷拍了，当天那条视频就上了抖音热搜榜，后来同事微信告知我："全公司都知道你在机场练功了，你火了！"这让我感到不胜其扰。

登机后，在漫长的旅途中，不管你是打开笔记本电脑工作，还是看书或者杂志，抑或闭目小憩，你的身体仍然可以保持桩态，给自己放松"充电"。

候机时站桩

另外，你起身活动或去洗手间的时候，也可以随时进入桩态，用那么一两分钟的时间给自己"充充电"，放松休息。

● 工作时间如何利用碎片化时间站桩

到了公司，在这一天的工作时间内，你其实拥有很多零散的时间，只是你没意识到可以利用这些时间来锻炼而已。其实不光是职场人士，学生甚至是退休在家的老人，也可以把一天中的碎片化时间利用起来。

◎ 休息区站桩放松

对职场人士来说，在工作间歇，很多人可能会选择喝杯咖啡或茶，或者与同事聊聊天来恢复状态，而有些男性可能选择到室外或者吸烟处吸烟。这时，你还有一种选择：你可以找一个僻静的地方，最好是在室外，比如阳台、楼顶、连廊，在这些地方可以呼吸到新鲜空气。站在那里，按松静桩的要求站一会儿即可。不用非得摆出明显的桩架，你可以把手插在兜里，或者背在身后，或者招会儿腰，关键是摆正脊柱和骨盆，然后体会全身放松、中正安舒的感觉。

◎ 工位上保持桩态，一箭双雕

很多人都是坐着办公，因为久坐不运动，有的人腰上都长出了"游泳圈"，体重猛增，有的人甚至因为久坐导致气滞血瘀。其实，我们完全可以选择站着办公。我所在的律师事务所有一位资深合伙人，他在利用碎片化时间站桩上就很有发言权。他跟我说，他经常在看书学习、查阅卷宗时顺带就把桩给站了，令人佩服。

很多在互联网公司工作的人会选择购买可升降的站立式办公台或者摆放在桌子上的折叠办公台，这样既可以站着办公，站累了降下办公台也可以坐着办公。无论是站着还是坐着，都可以把自己调整到桩态，工作、站桩两不误，可谓一箭双雕。

站立办公时正好站桩

说到这里，我想起十几年前，我在一家大型公司负责法务事宜兼任董事会秘书办公室主任。当时，公司正在筹划上市，申报材料报到中国证券监督管理委员会后，很多媒体记者打电话来。有一天，我接起一个媒体记者打来的电话时，突然感觉浑身暖意融融，小腹更觉温暖，惬意无比。我知道这是我平时站桩产生"质变"的时刻到了。本来这种电话我一般都是礼貌性地拒接的，但是当时我正沉浸在这种桩态之中，就很耐心地听媒体记者讲了很久，以免打断自己的这种状态。有了这次体会，我对王芗斋老先生提到的站桩"习之甜蜜"颇有感触。要注意的是，这种状态是自然生发的，不可刻意追求。

◎　会议中仍然能保持桩态

开会时，在听领导和其他同事发言的间歇，你仍然有片刻的时间属于自己，你可以短暂抽离，找一找桩态，从头顶一直放松到尾椎骨，然后两头对拨一下，以恢复精力。旁人看了，可能也只是认为你是在调整坐姿。

◎　特殊时刻仍能保持桩态

在工作中，难免与同事产生一些分歧，甚至争吵。此时，可以使用松静心法调整自己的情绪。你可以深吸一口气，平心静气，不要让矛盾激化。然后，短暂地把自己的情绪抽离出来，把注意力收回到自己身上，迅速地从头顶放松到脚。然后，注意自己的呼吸，只需片刻就可以让自己的情绪回归稳定。这个方法可以有效避免我们在情绪激动时做出过激举动，过激举动只会让事态更加无可挽回，并不利于事情的解决。

◎　午休时的站桩放松

午休时间到了，你在吃过午饭遛弯的时候，可以微微保持桩态。不论你是在与同事或者其他人一边走一边闲聊，还是独自散步，你都可以放慢自己的脚步，微微保持桩态，浑身放松，这就是"行桩"。通过这种方式，我们可以在这段零散的时间内使身体得到很好的放松和滋养。

如果你有睡午觉的习惯，那么在你趴在桌子上或者打开折叠床午睡之前，你可以站一会儿桩，让自己浑身放松下来，然后再午睡，这样对恢复精力有比较好的效果。当然，你如果是资深桩友，也可以通过站桩的方式来午休，这样效果更佳。最好找一个僻静、无人打扰的地方站桩。我有一位师兄，十几年前，他在工作间隙和午休的时候站桩，结果被同事看见了，大家指指点点、议论纷纷，给他造成了一定的困扰。

◎ 加班时站桩"充电"

如果你是一位非常勤奋的管理者或者上班族，那么加班对你来说可能是家常便饭。

在加班感到劳累时，你可以站着或者坐着保持桩态，从头顶缓缓向下放松你的每一寸肌肤。即便加班，也不妨碍你时时为自己"充电"。

● 下班后的站桩场景

◎ 买菜

下班之后，你可以先去超市或者农贸市场转悠转悠，为家人采买一些可口的食物，也借机调整一下自己的状态。浏览货架的时候，你可以浑身放松，把注意力收回到自己身上，从头到脚逐渐放松。或者找一辆购物车，双手轻轻搭着扶手，这样更有利于放松肩膀。

回到小区，你可以有意识地放慢脚步，在走路时仍然保持桩态，从头到脚放松几遍身体，找到一个中正安舒的状态，然后缓缓归家。这样可以避免把工作中的情绪带回家里。

◎ 做饭

结束了一天的工作，你略显疲惫地回到家里，很可能你还要为自己和家人准备晚餐。

在做饭的时候，你也可以保持桩态。尽管此时你可能左手拿着炒菜锅，右手拿着铲子，但是你仍然可以从头到脚保持桩态。在做饭的间隙，你可以让自己暂时抽离出来，把意识重新放回自己身上，感觉身上哪里僵了、紧了，就把它松下来，保持站桩的状态。

保持桩态做饭

◎ 收拾碗筷、清洗餐具

在餐毕收拾碗筷和清洗餐具时，尽管手上不停，你仍然可以微微保持桩态。把意识集中到手部的动作上，然后把注意力转移到自己身上去觉知和放松自己。哪怕只有那么短短几分钟甚至几十秒，你也可以得到放松。

◎ 打扫卫生

在打扫卫生的时候，无论你是手持扫帚、拖把还是吸尘器，你都可以从头到脚让自己松下来。平时手持这些东西的时候，你的肩、肘、手可能因用力而有点僵硬。这时，从肩头开始，一节一节把各个关节微微放松下来，哪怕就在这收拾家务的短短时间内，你也可以获得精力上的补充。

◎ 看电视、刷手机

忙完家务，你很可能会坐下来看看电视或者刷刷手机，放松一下。当感觉眼睛酸涩时，请暂停一下，轻轻闭上眼睛，保持桩态，从头一直松到尾椎骨。如果你是站着，就一直松到脚底。反复放松几遍，在这个过程中，如果感觉身上哪里僵了、紧了，就注意一下那里，轻轻地把它放松一下。

◎ 入睡前

晚上洗漱之后、入睡之前，如果你还有点精力，那么建议你站几分钟桩（如果你想多站一会儿，那就更好了），把身体和精神全部放松下来。这时站桩如同洗了温水浴，有助于你更快进入梦乡。

◎ 失眠时

如果你是"失眠一族"，"数羊"都不能帮助你入眠，那么，我建议你要么起来站一会儿桩，要么像本章开头说的，躺正了练一会儿卧桩，直至困意袭来。相信我，这会提高你的睡眠质量，比在床上心烦意乱、辗转反侧要好得多。

● 学生如何将站桩生活化

在本章结束之前，为在校学生讲一下将站桩生活化的窍门。

身为学生，在课堂上当然要认真听讲、积极思考，但在自己感觉疲惫时，可以短暂地使上身保持桩态，让注意力回到自己的身上，着重感受身上的僵硬之处，慢慢地把它放松下来。

课间休息时，除了跟同学玩耍、打闹、闲谈，可以利用这段时间，把注意力放在自己的身上，好好地放松一下。在户外运动的时候，如果你因剧烈运动而气息紊乱、上气不接下气，可以停下来，从头到脚保持桩态，外形姿势可以不明显，只要摆正脊柱、骨盆即可，然后放松一下身体，让自己得到片刻的休息。

晚上回家之后，无论你是学习、玩电子游戏还是刷剧或者短视频，在你感觉眼部酸涩、浑身发紧，尤其是肩颈发紧的时候，不妨停下片刻，把你的意识缓缓地、轻轻地放到自己身上，摆正脊柱、骨盆，调动桩态，闭上眼睛，深长细匀地呼吸，体会身体和精神放松的感觉。这样利用零散的时间，你又为自己的"健康账户"多存了一些"钱"。

以上是我根据自己的练功经验总结出来的一套在生活中练习桩功的方法。它不能代替正式的站桩，但是可以作为正式站桩的补充。在你时间、精力不足时，它也是让你坚持锻炼的方便法门。希望大家能充分利用每一点碎片化的时间，养成站桩的习惯，为自己的身体"充电"，为自己的健康加油！

15

警惕站桩的
三大认识误区

下面，针对站桩的一些常见误区，有必要做一下澄清。

● 站桩包治百病

网上那些不负责任的言论

网上有不少文章或者短视频把站桩吹得神乎其神，有时把我都看得目瞪口呆的。很多关于站桩的言论和观点并不符合事实，而且很容易误导那些不了解站桩的人或者初学者。

站桩解决不了所有的问题

某些习练站桩的人把所有的希望都放在了站桩上，把站桩看作人生中唯一能够拯救自己的东西，甚至觉得通过站桩能很快学会弹钢琴、唱歌，能赚大钱等。他们已经把站桩神化了，极其脱离实际。要想学习声乐，就报个声乐班系统学习一下，指望站桩让五音不全的人秒变歌神，这也太不现实了。要想赚到大钱，那站桩可帮不了你，你应该找准方向，努力工作、广结善缘、多交贵人……

站桩归根到底只是一种强身健体的方法，而且还不是唯一的方法，所以大家要正确看待站桩，不要把站桩神化。须知，让一个东西毁灭的最好方式，就是让它脱离实际，走向神话。而一个东西一旦被神化了，登上神坛，那么它离跌落神坛、成为笑话也就不远了。

影响身体健康的因素有很多

前文给大家系统介绍过站桩与人的"健康账户"之间的关系，目的是想让大家知道，其实有好多因素会影响身体健康，如果不能意识到身体健康是由这些因素综合影响的，就会落于偏执。须知，站桩的养生效果通常与一个人的年龄、健康状况、身体素质、遗传情况、生活习惯等有脱不开的关系。此外，站桩的养生效果还跟是否掌握了正确的站桩方法、站桩的持续性、投入的时间有很大关系。比如，如果你每天就是泛泛悠悠、稀松地站个一二十分钟，还经常三天打鱼，两天晒网，那么你获得的收益可能也仅止于身体的片刻放松。要想达到养生强身的效果，一定要投入足够多的时间和精力。

养成站桩的习惯

酿一坛好酒需要经年累月的窖藏，炖一锅好菜需要小火慢慢熬煮，果树结出累累硕果也需要经历春来秋往，因此，大家在站桩时千万不要浅尝辄止、急躁冒进。奥格·曼狄诺（Og Mandino）的著作《世界上最伟大的推销员》（*The Greatest Salesman in The World*）中有这样一句话："在十卷《羊皮卷》的第一卷里，隐藏了一个秘密，能够领悟这个秘密的智者，历史上寥寥无几。"最后这个秘密被揭开，原来不过是普通得不能再普通的两个字——习惯！

该看病看病，该吃药吃药

习练站桩的人如果生病了，该去医院检查就去检查，该吃药就吃药，该输液就输液，不要觉得站了桩，有"神功护体"就"百毒不侵"了，这是不可能的。也不要因为站了桩还会生病而感到困扰，更不要因为别的原因而放弃站桩。

我有一位朋友，以前在公园里跟一位老者习练站桩，后来老者很长时间不露面，他很奇怪，就去老者家里打听，这才知老者患上了抑郁症，于是他练功的信心备受打击，放弃了站桩。

我得知这件事后，为这位朋友感到惋惜。我未见过这位老者，但我相信，他肯定有其他方面无法对外言说的困扰或心结。这也突显出性命双修的重要性，只修"命功"（身体）不修"性功"（心性）是不行的（我师爷就常说习练形意拳要"尽性了命"）。我的朋友因此放弃站桩殊为可惜，不管老者如何，思考一下站桩以来自己身体上是否有良性变化不就好了吗？

● 站桩是迷信

盲目地信和盲目地不信都是迷信

现在网上很多有关站桩的帖子或短视频的评论区总会有一些不和谐的声音，扯起科学的大旗，觉得站桩养生没有什么用，是迷信之类的。而我认为，盲目地信和盲目地不信都是迷信。

我有几位朋友，由于常年伏案工作，腰椎间盘突出很严重，平时办公坐着都难受，其中一位有时甚至需要卧床休息。我劝他们站桩，但是这几个人并没有付诸实施。其中一位朋友曾经在医疗器械公司工作过（实际上我也在这类公司工作过），对站桩嗤之以鼻。

我的另一位朋友也是因为久坐不运动导致腰椎不适，据他说，习练站桩后腰痛的症状得到显著改善。

凡事不要落于偏执，不管是什么方法，只要结果是好的，就值得肯定。反之，即便说得天花乱坠，到头来没有一丁点儿作用，也不值得相信。所以，我们说，盲目地信和盲目地不信都是迷信。把这句话用在站桩上，就是一味地不相信站桩有助于养生健身也是一种迷信。

实践出真知

具体到站桩，我建议初学者先观察别人站桩的效果，如果别人练习之后确实有效果，那么就认真系统地学习这种站桩方法，完全按照这种桩法的要求去实践，再观察自己练习之后是否有效果。同时，还要对站桩的体会、感受和经验进行总结，并在有困惑的时候向老师请教、与同门沟通，"苟日新，日日新"。我认为这种做法才是科学的。

相反，一些人对站桩不明就里，就把站桩"一棍子打死"，或者还没弄明白就在网上大肆否定，这是幼稚、不成熟的表现。

● 站桩就是练气功

"气功"一词的由来

"气功"一词，最早见于晋代道士许逊所著的《净明宗教录·松沙记》一书。纵观中国气功史，你会发现在晋、隋、唐有很多用"气"来命名的著作，如《气诀》《气经》等，这些书中写的都是如何练气、用气。《气经》中讲了几十种练气、用气的方法，连发放外气的方法都有，叫"布气"……

站桩到底是不是气功

实际上，很多内家拳老前辈们并不愿意把站桩和气功混为一谈。究其原因，还是因为站桩本就源自传统武术内家拳，在内家拳，尤其是形意拳、意拳的训练体系中具有基石般的作用。此外，这些老前辈在谈论站桩对人体的好处的时候，倾向于从习练者能够切实感受到的方面去谈，如筋骨、气血等，比如站桩后精力旺盛了、不失眠了等，而不是从所谓的气感等角度去谈论。

有的人很敏感，在教学的时候，你告诉他站桩时身上可能会有的一些感觉，他就觉得自己有这些感觉了，但实际上，很多时候这只是他的臆想。所以，我们在谈论站桩时，强调的都是那些看得见、摸得着的效果，这就是老一辈武术家们都主张的"传功不传景"。"功"就是指练功的方法，"景"就是练功过程中可能会产生的一些景象，或者说感受。

感受和景象其实都是不靠谱的，是因人而异的。同样是站桩，有的人没什么反应，有的人则反应强烈。比如，有的人感觉自己突然间变得很高大，有的人可能还会有酸、麻、胀、痛等各种各样的感觉，这跟每个人的性格、体质、神经敏感度、经历等都是相关的，所以不能把这些感觉的出现当作检验站桩效果的标准。

不要执着于所谓的感觉或者"气感"，不要有了感觉就欣喜，没有感觉就失望。我们要不忘初心，要记住我们到底为什么而站桩。如果我们的目标是身体健康，那么我们是否达到了这个目标？在站桩过程中，应紧紧地盯着这个目标，而不是被站桩过程中的"风景"所吸引，忘了初心。

以上就是刚接触站桩的人很容易进入的误区，在此一并予以澄清。

希望我这个资质驽钝的"船夫"，泛一叶扁舟，浮于江渚之上，在寂寥渡口能接引到有缘人。

16

站桩问答录
——关于站桩
常见问题的解答

● 多大年龄可以站桩

站桩这一运动老幼皆宜。目前，站桩习练者以中老年人居多，但是现在很多年轻人也加入了站桩的行列。一般来说，最好在 18 岁之后再开始站桩。一方面，站桩可能会导致骺线过早闭合，也就是说小孩子就很难长个了；另一方面，孩子年龄小，正是活泼好动的时候，很难理解站桩的深刻内涵，过早接触站桩，只会觉得枯燥。

当然，凡事都有例外，一些出身武术世家的孩子很早就开始站桩了，这样可以在生长发育阶段就把桩形定在身上。据某意拳前辈说，他父亲在他 8 岁时就教他站桩了。不过，对我们大多数人来说，还是等孩子发育成熟之后再站桩为佳。18 岁之前，建议让孩子多做一些舒展性的运动，比如打篮球、踢足球、游泳等，为将来站桩打好基础。

至于老年人多大年纪可以站桩，"真气运行法"创始人李少波先生的女儿李天晓老师说，李先生 80 多岁时还能一次站一个多小时的三体式。意拳前辈王安平先生现在 80 多岁了，每天仍在坚持站桩。因此，只要是身体条件允许，年龄大并不是问题。

当然，也要注意做好防护，比如在站桩的地方铺上地毯，身后放上沙发或者软榻，以防止跌倒。

● 站桩对男女来说有区别吗

在健身方面区别不大，但是，站桩有增加气血运行的效果，所以女性在生理期、孕产期要回避一下。

● 女性在生理期可否站桩

站桩可涵养气血、疏通经络，有时候会影响女性经期的持续时间和出血量，所以，我们一般建议女性在生理期注意休息，暂不站桩。

● 女性在孕期可否站桩

为了孕妇和胎儿的健康着想，我们建议女性在孕期不要站桩，可以散散步、听听音乐，做一些舒缓的运动。

● 病人可以站桩吗

这要看病人的身体状况，是患有慢性病，还是受了外伤。

总的来说，站桩对慢性病的调养有较好的辅助作用。如果身体状况允许，可以短时间站一站，恢复一下气血。如果人已经病到很难站立的程度了，勉强站桩效果反倒不好。这类人如果精力允许，可以练一会儿坐桩或卧桩。

外伤患者调整桩架时可能会拉扯到伤口，再就是伤痛没有消除之前，身心不容易放松和平静，所以，建议等伤好了再练。

● 做完手术可以站桩吗

我们建议，做完手术三四个月内不要站桩，等伤口长好了再站桩也来得及。如果是行内脏手术，则更要慎重，要等医生同意运动之后再考虑站桩的事。而且恢复站桩后，也应当循序渐进，一点儿一点儿地增加站桩的时长。

● 练完松静桩可以练其他桩功吗

前文我们也解释过，松静桩源于无极桩，是整个内家拳桩功体系的基础。大家站松静桩一段时间手臂自动上浮之后，如果有明师指点，可以换成浑圆桩，再由浑圆桩转为三体式。但是，浑圆桩或三体式对初学者而言往往难度较高，一些身体素质不太好的人或者中老年人很难坚持且容易导致肩部、胸部紧张。

如果只是为了养生，那么松静桩一直站下去也没问题，也能出功夫。如果特别想体验一下其他桩功，站一站也没关系，如果觉得驾驭不了，继续站松静桩就好了。

● 站桩时可以听音乐、看电视吗

有的网络教程上说，站桩的同时可以听音乐或看电视，以转移注意力，多站一会儿。我刚开始学站桩时老师指导我，不要在站桩的时候听音乐或看电视。

不管是站什么桩，我们主要是为了达到两个目的——身松和心静。我们在听音乐、看电视时，很难静下心来，因为我们的注意力很容易被吸引走，还谈何"反观自身"呢？心不静，身体也会紧张，自然很难起到比较好的保健养生的效果。所以，我们不主张站桩的时候听音乐、看电视。

当然了，如果是初学者，感觉自己连 5 分钟都坚持不了，那么，为了尽量延长站桩的时间，也可以听点轻柔、舒缓的音乐，如古琴曲、佛乐等，权作背景音乐，以舒缓心理。站桩的时候，应该尽量把注意力放在自己身上，对音乐是"似听非听"的状态。等自己能够做到身松心静了，还是在安静的环境中站桩比较好。

● 站桩的时候能说话吗

建议大家站桩的时候保持安静，尤其是和朋友一起站桩的时候。即便你站桩时突然来了感悟，或者有什么问题，也不要当场说出来，否则既影响自己站桩的效果，也会干扰他人站桩。

如果你非要直抒胸臆、不吐不快，可以在站桩前或站桩结束后再跟大家交谈。

● 站桩时可以戴眼镜吗

站桩是为了放松，让全身气血流通。眼镜虽然不重，但是对鼻梁、鼻翼还是会造成一定压迫的，尤其是你松下来时，会觉得鼻子那里不太舒服。有的神经敏感的人会发现平时几乎没有存在感的眼镜在站桩时会变得很重。所以，建议站桩时把眼镜摘下来放在一边，这样会比较舒服。

● 刚起床就站桩可以吗

这是一个关于站桩时间选择的问题。我个人的习惯是，早晨起床之后先去趟洗手间，然后开始站桩。我喜欢早上特别清醒的时候站桩，这是我个人多年来保持的习惯。不过，站桩时间的选择因人而异，不必拘泥于某个时间段。

● 站桩需要先热身吗

站桩本身不需要热身，但是，如果你有锻炼前热身的习惯，也可以简单活动一下。平时关节、肌肉比较容易紧张的人，站桩之前做做拉伸运动，做做肢体绕环、甩动动作，对尽快进入放松状态是有帮助的。比如，有的人患有肩颈劳损，推荐他们在站桩之前做做乌龙摆尾，之后再站桩，这样可以比较快地把肩松下来。

● 站桩需要百日筑基吗

"百日筑基"是丹道修炼者比较重视的一件事（百日筑基期间，不但要坚持练功，还有很多要求，比如忌口、禁绝房事等）。

对站桩而言，不用过于强调百日筑基这件事情。站桩是一件需要经年累月坚持去做的事情，就像刷牙、洗脸、吃饭一样，是每天都要去做的，只要把站桩当作每天都要做的事情，养成习惯就好了，不用特意强调百日筑基。

当然，如果你觉得自己意志力没有那么强，也可以给自己定个"百日筑基"的小目标——坚持一百天不间断，这样做能够有效地提升站桩效果，也有助于增强自己的信心。

● 站桩期间可以过夫妻生活吗

我们站桩本就是为了拥有更健康的身体，更好地享受生活、造福社会，不能因为站桩就断绝了正常的生理欲望，导致夫妻生活不和谐、家里鸡飞狗跳……这绝对不是我们希望看到的。

我们建议，站桩初期尽量节制一下，以保养精力。当桩功有了一定基础（一般在 3 个月到半年），感觉自己精力充沛的时候，可以恢复正常频率的夫妻生活，但是一定要适度，不能过于频繁。再就是房事之后最好休息一天，待气血恢复充盈后再站桩。

● 站桩的同时可以练器械吗

站桩本身并不排斥练器械，但是，现在很多年轻人去健身房练器械只是为了塑形，这跟站桩是有冲突的。站桩要的是肌肉的松紧可控，而不是一身的肌肉块，所以，大家练器械的时候，应尽量选择那些可以提高爆发力的，不要练蛮力和僵力。再就是在增加器械重量的时候，应一点点地增加，让肌肉逐步适应，不要让肌肉过度紧张。仅从养生的角度而言，健美过度反而会影响养生效果。如果为了促进肌肉发育而服用或注射激素类药物，那么对身体更是会产生负面的影响。

● 站桩伤膝关节吗

这一点大可不必担心。我个人的体会是，循序渐进地习练站桩反倒会对膝关节有一定的养护作用。我以前患有关节炎，在习练站桩之后，关节炎症状有所缓解，现在几乎感觉不到膝关节疼痛了。只要站桩的时候姿势正确、把握好度，比如膝关节微屈、不要刻意下蹲、膝尖不要过脚尖、不强行延长站桩时间，就不会伤到膝关节。另外，可以在站桩前活动活动膝关节和踝关节，让关节囊和韧带先预热一下。

● 长时间站桩有久立伤骨的风险吗

这个问题要辩证看待。

我的朋友中一次站桩两三个小时的大有人在，也没听说他们有伤骨的情况，反倒是跟别人磕胳膊时把别人撞得龇牙咧嘴的。我本人在十多年前曾经有很长一段时间每天站桩 2 小时以上，站完之后我的筋骨更坚实了，也没有出现久立伤骨的情况。这是因为我们是真的在站桩，桩形和内在心法都在起效。有些人只是在网上看了个大概动作，对桩形的细节调整和行功心法一无所知，他们所做的只是"站着"，远称不上站桩，站的时间长了，肯定对筋骨不利。

● 站桩会不会走火入魔

有这种想法的人真的是多虑了。站桩源自传统武术内家拳，按照正确的方法站桩是安全有效的。我接触站桩至今已有 20 来年，其间寻师访友，从没听说过谁站桩走火入魔了。

● 站桩会不会站出"大象腿"

有很多爱美的女性担心站桩时间长了腿会变得很粗，成了"大象腿"，影响美观。我的一位师姐是练舞蹈的，她很喜欢站桩。到目前为止，她的身材依旧保持得很好，站桩并没有导致她出现"大象腿"。对男性来说，从我接触站桩到现在 20 来年，我和师兄弟也没有谁站出"大象腿"，所以大家不必有此顾虑。

● 站桩能通大小周天吗

这是那些看多了武侠小说的人经常会问的问题。这里很郑重地解释一下，不同领域对大小周天的定义是不同的。

大小周天其实源自丹道领域，修丹道的人先通小周天，再通大周天。

站桩源于传统武术，武学领域的大小周天更多的是指相关的经筋链，是为了调整人体内型结构，改变人体运动模式。如果你要学习形意拳、八卦掌、太极拳等内家拳，那就必须通武学的大小周天。但是，如果你只求养生，不练拳，那么大小周天通不通不是很重要。

说实话，不管你是修丹道还是练武术，在没有取得健身养生的效果之前，你就是说自己通了大小周天，也是自欺欺人。

● 站桩有防身的功效吗

很多人可能会问，光站桩能起到防身的效果吗？

一般情况下，你每天站1小时，站1年左右，你的筋骨会变得比较坚实，跟别人磕胳膊时一般人是承受不住的。你的弹跳力会变得更好，反应也会更灵敏。在跟比自己稍微强壮一点、没有练过技击的人动手的时候，会有意外之喜，也就是说会占一些优势。

但是，如果你以前没有练过拳击、散打之类的搏击技术，此时跟专业的或者习练过搏击技术的人动手的话，你会吃亏的——毕竟，在搏击方面，你没人家专业。专业的打没练过的，结果可想而知。因此，如果你想拥有很好的防身能力，就需要专门去学习拳击、散打、摔跤、柔术等搏击技术，或者跟传统武术中确实有技击能力的明师学习，抑或习练陈鹤皋先生的防身技术以防不法侵害。

● 站桩后感觉自己孔武有力，能否找人试试手

我给大家讲个故事。我有一位师兄，他站桩站得很好。有好斗之人向他挑战，他就应战了，结果被人家给扔到花丛里去了。这之后，他觉得很沮丧，甚至因为这件事情放弃了站桩，令人惋惜。

我觉得，这是因为他对武术的认知不够全面。就像前文提到的，你站桩 1 年左右，每天坚持 1 小时，你的筋骨会很坚实，精力会更充沛，你会觉得自己很厉害，实际上，此时的你就像驾驶着一辆坦克，但你没学过相关的作战技术，你看似强大，其实脆弱，连战斗经验丰富的步兵都能打败你。

所以，我的建议是，正确认知站桩的作用范畴——强身健体。如果你确实对搏击感兴趣，一定要去学习专业的搏击术，并且要多和教练、同门练对抗，多打打实战。

● 站桩不容易坚持下去的原因有哪些

站桩要先过"筋骨关"。初练站桩，到了熬"筋骨关"的时候，两股战战，浑身酸痛，很多人就受不了了。其实，只要突破此关，后面就是一马平川了。

另外，一定要养成每天站桩的习惯。不管多忙多累，每天都要站一会儿，哪怕几分钟也好。如果不能养成站桩的习惯，三天打鱼，两天晒网，养生效果不明显，很多人就会丧失信心。

再有，习练站桩最好有老师指导，再找几位同门一起练习。

如果只是自己在那里瞎琢磨，没有老师指导，也没有与同门的沟通交流，盲修瞎练，也不容易坚持下去。

● 站桩时想上厕所怎么办

该去就去。这个时候不要硬憋着，也不要有什么顾虑。以往有一些练功的人说，站桩的时候不要上厕所，这种说法不科学，也不现实。比如，有人拉肚子或者想小便，硬憋着继续站桩也练不下去，不如先解决，再一身轻松地回来接着站桩。

● 很累，不想站桩怎么办

经历了一整天的工作，晚上回到家，感觉很累，不想站桩怎么办？

这个时候，你要判断一下，你是心理疲劳还是生理疲劳。如果只是心理上的惰性，你可以稍站一会儿桩，哪怕几分钟，恢复一下体力。

如果你连片刻都不想练，一练就犯困，甚至要摔倒（昏倒），那就证明你的身体亏损得太严重了，建议你拿出一段时间好好休养调理一下。

就像意拳创始人王芗斋先生说的，站桩要留有余兴、留有余量。如果你不想练却非要强迫自己去练，那就把站桩变成了负担，会把你对站桩的兴趣消磨掉。

● 站桩要站大步桩或者高难度的桩法吗

作为过来人，我不建议大家站大步桩或者高难度的桩法，因为对中老年人或者体质较差的年轻人来说，练这种桩比较有难度，筋骨疲劳感、疼痛感会很强，容易产生挫败感，不容易坚持下去。这也是我向大家推荐松静桩的原因，松静桩比较容易入手，也比较容易坚持。这里还要强调一句，就算只练松静桩也能出功夫，重要的是坚持。

● 站桩之后用不用做拉伸运动

有锻炼习惯的桩友会提出类似问题。我的建议是，如果有富余的时间和精力，站桩之后做做筋骨拉伸运动是非常好的。动静结合对提高功力很有帮助。我学的形意拳功法体系要求在站桩后练练易筋经，或者打打五行拳（这也是押筋拔骨的练法）。意拳体系则要求在站桩后做做试力和走步，这也是一种押筋的形式。如果没接触过内家拳，做做体育运动中的伸展动作也可以。如果站完桩有事情要忙，那么你全身抖一抖，放松放松，该忙啥忙啥也没问题。

如果你喜欢用筋膜枪放松放松肌肉，那也可以，与站桩不矛盾、不冲突。需要注意的是，筋膜枪不能对着关节、骨头、神经以及血管比较丰富的部位进行击打，不然容易造成损伤。另外，肌肉比较薄的部位，如腋下、下腹部等也不能用筋膜枪击打。

● 什么样的人不适合站桩

这里举例说明一下。

因身体健康状况而无法正常站立、行走的，患有严重骨科疾病（如膝关节和髋关节疾病）的，脊柱做过手术或者关节做过置换手术的，安装过心脏起搏器的，患过癫痫的，有精神障碍、精神失常或者有精神疾病家族遗传史的，都不适合站桩。

此外，品德不佳、好勇斗狠以及不尊师重道之人，也不适合站桩。

人文武术精品书系

北京科学技术出版社

武医康养丛书

站桩：重启健康态　　　　　　　　徐硕言　著　玖玥工作室　绘

国术档案系列

太极往事　　　　　　　　　　　　季培刚　著

功夫探索丛书

内家拳的正确打开方式　　　　　　刘　杨　著
内家醍醐　　　　　　　　　　　　刘　杨　著
借力——太极拳劲力图解　　　　　戴君强　著
武学内劲入门实操指导　　　　　　刘永文　著
武术的科学：实战取胜的秘密　　　〔日〕吉福康郎　著　宋卓时　译
格斗技的科学：以弱胜强的秘密　　〔日〕吉福康郎　著　宋卓时　译
借势：武术之秘　　　　　　　　　沈　诚著
太极拳肌肉解剖图解　　　　　　　〔西〕伊莎贝尔·罗梅罗·阿尔比奥尔　等　著
　　　　　　　　　　　　　　　　刘旭彩　胡志华　译
内家拳几何学：三维空间里的劲与意　庞　超著
太极拳新解　　　　　　　　　　　〔美〕罗伯特·查克罗　著
　　　　　　　　　　　　　　　　解乒乒　丁保玉　译

武学古籍新注丛书

王宗岳太极拳论　　　　　　　　　〔清〕李亦畬　著　二水居士　校注
太极功源流支派论　　　　　　　　宋书铭　著　二水居士　校注
太极法说　　　　　　　　　　　　二水居士　校注
手战之道　　　　　　　　　　　　赵　晔　沈一贯　唐顺之　何良臣　戚继光
　　　　　　　　　　　　　　　　黄百家　黄宗羲　著　王小兵　校注
李氏太极拳谱　　　　　　　　　　〔清〕李亦畬　著
姬氏古拳谱：六合拳谱与姬氏枪法　〔清〕戴龙邦　著　王建筑　点校

拳道薪传丛书

三爷刘晚苍——刘晚苍武功传习录	刘源正　季培刚　编著
乐传太极与行功	乐　匋　原著　钟海明　马若愚　编著
慰苍先生金仁霖太极传心录	金仁霖　著
中道皇皇——梅墨生太极拳理念与心法	梅墨生　著
杨振基传太极拳内功心法	胡贯涛　著
卢式心意拳传习录	余　江　编著
习练太极拳之见闻与体悟	陈惠良　著
廉让堂太极拳传谱精解	李志红等　编著
武当叶氏太极拳	叶绍东　何基洪　蔡光復　著
无极桩阐微	蔡光復　蔡　昀　著
功夫上手——传统内功太极拳拳学笔记	陈耀庭　著　霍用灵　整理
会练会养得真功	邵义会　著
八极心法——传统八极拳，现代研修法	徐　纪　著
犹忆武林人未远 ——民国武林忆旧及安慰武学遗录	安　慰　著　阎子龙　田永涛　整理
推手践习录	王子鹏　著
刘纬祥形意拳雏释	马清藻　著　马道远　马彦彦　整理
大道太极：太极拳道修诀要	黄震寰　著
我跟芗老学站桩——六十年站桩养生之体悟	程　岩　著

百家功夫丛书

非视觉太极——太极拳劲意图解	万周迎　著
轻敲太极门——太极拳理法与势法	万周迎　著
冯志强混元太极拳48式	冯志强　编著　冯秀芳　冯秀茜　助编
刘晚苍传内家功夫与手抄老谱	刘晚苍　刘光鼎　刘培俊　著
赵堡太极拳拳理拳法秘笈	王海洲　著
京东程式八卦掌	奎恩凤　著
功夫架——太极拳实用训练	朱利尧　著
道宗九宫八卦拳	杨树藩　著
三十七式太极拳劲意直指	张耀忠　张　林　厉　勇　著
说手——太极拳静思录（全四卷）	赵泽仁　张　云　著
太极拳心法体用——验证与释秘	宋保年　杨　光　编著